Sven van Meegen (Hg.)

Bilder einer Ausstellung

BIBEL KONKRET

herausgegeben von

Prof. P. Dr. Otto Wahl SDB
(Benediktbeuern)

Prof. Dr. Josef Wehrle
(Universität München)

Dr. Sven van Meegen
(Stuttgart)

Band 5

LIT

Sven van Meegen (Hg.)

Bilder einer Ausstellung

Erschließung prophetischer Visionen

Gedruckt auf alterungsbeständigem Werkdruckpapier entsprechend
ANSI Z3948   DIN ISO 9706

Umschlagbild: Michelangelo, Der Prophet Ezechiel, Sixtinische Kapelle, Rom

Bibliografische Information der Deutschen Nationalbibliothek
Die Deutsche Nationalbibliothek verzeichnet diese Publikation in der
Deutschen Nationalbibliografie; detaillierte bibliografische Daten sind
im Internet über http://dnb.d-nb.de abrufbar.

ISBN 978-3-8258-1495-3

© LIT VERLAG Dr. W. Hopf Berlin 2009
Verlagskontakt:
Fresnostr. 2   D-48159 Münster
Tel. +49 (0) 2 51/620 32 - 22   Fax +49 (0) 2 51/922 60 99
e-Mail: lit@lit-verlag.de   http://www.lit-verlag.de

Auslieferung:
Deutschland/Schweiz: LIT Verlag Fresnostr. 2, D-48159 Münster
Tel. +49 (0) 2 51/620 32 - 22, Fax +49 (0) 2 51/922 60 99, e-Mail: vertrieb@lit-verlag.de
Österreich: Medienlogistik Pichler-ÖBZ GmbH & Co KG
IZ-NÖ, Süd, Straße 1, Objekt 34, A-2355 Wiener Neudorf
Tel. +43 (0) 2236/63 535-290, +43 (0) 2236/63 535 - 243, mlo@medien-logistik.at

Vorwort

Die Bibel ist voller Bilder. Schon im Alten Testament ist das so, und dort wiederum nicht nur im Blick auf die bildhafte Sprache festzustellen, sondern speziell im Blick auf die Visionen der Propheten. Ihre Visionen liegen freilich lange zurück. Sie seien uns fremd und bringen würden sie für die heutige Zeit auch nichts, lautet ein oberflächliches Urteil. In einer solchen Voreingenommenheit landet schnell, wer sich einer Erschließung dieser Bilder entzieht und/oder dem modernen Menschen Phantasielosigkeit unterstellt. Ausstellen muss man die Bilder, nicht zuhängen! Es stellt sich der Reiz ein, dem nachzugehen, was es mit diesen Schauungen auf sich hat. Gewiss sind manche dieser Bilder nicht gerade lieblich, manche so schrill, dass man versucht sein könnte, sie im Magazin zu belassen. Mit diesem Band der Reihe „Bibel konkret" soll der umgekehrte Weg gewählt werden. Alle Autoren wollen auf ihre je eigene Art und Weise die Visionen der alttestamentlichen Propheten zugänglich machen. So werden in diesem Buch einige der alttestamentlichen Visionen je nach Autor exegetisch, pastoral, liturgisch oder pädagogisch betrachtet und in die Gegenwart hinein übersetzt. Eine kurze Einführung zu den jeweiligen biblischen Schriften soll den Zugang erleichtern. Jeder Vergegenwärtigung ist der biblische Text in der Einheitsübersetzung vorangestellt.

Wie „Bilder einer Ausstellung" sollen die Visionen der Reihe nach betrachtet werden. Nicht kopfschüttelnd gehen wir an den schwer verständlichen Bildern vorbei, sondern lassen unseren Blick so lange auf ihnen ruhen, bis wir dahinter kommen, was sie bedeuten. Wir laden Sie zum Besuch der Ausstellung ein und drücken Ihnen in Gestalt dieses Buches den Ausstellungskatalog in die Hand.

Dieses Buch soll Prof. Dr. Josef Wehrle gewidmet sein, der in seinem wissenschaftlichen und seelsorgerlichen Wirken das Wort Gottes visionär in die Gegenwart übersetzt hat.

Sven van Meegen

Inhaltsverzeichnis

Visionen im Alten Testament 6

I. Visionen im Buch Jesaja 19
Einführung in das Buch Jesaja 20

Peter Renju
Der Zion (Jes 2,1-5) 29

Hans-Jürgen Feulner
Das Trishagion / Sanctus (Jes 6,1-4) 38

Sven van Meegen
Der Geist des Friedens (Jes 11,1-10) 45

II. Visionen im Buch Jeremia 50
Einführung in das Buch Jeremia 51

Elisabeth Steffel
Gott erfüllt sein Wort (Jer 1,11-16) 58

Ingrid Orlowski
Die Feigenkörbe (Jer 24,1-10) 64

III. Visionen im Buch Ezechiel 69
Einführung in das Buch Ezechiel 70

Christoph Keller
Die vier Lebewesen (Ez 1,1-28) 77

Otto Wahl
Das undankbare Geschäft eines Propheten (Ez 2,8-3,3) 85

Christoph Keller
Das T auf der Stirn (Ez 9,1-11) 92

Christoph Keller
Das Krokodil (Ez 32,1-10) 99

Christoph Keller
Die Totengebeine (Ez 37,1-14) 104

Christoph Keller
Der heilende Strom (Ez 47,1-12) 111

IV. Vision im Buch Daniel **116**
Einführung in das Buch Daniel 117

Otto Wahl
„Wer zuletzt lacht..." (Dan 7,1-14) 124

V. Visionen im Buch Amos **132**
Einführung in das Buch Amos 133

Otto Wahl
Gottes Gericht bereitet für das
neue Heil vor (Am 7,1-9,6) 139

Martin Schniertshauer
Der sinkende Grundwasserspiegel (Am 7,4-6) 147

Martin Schniertshauer
Reif für das Ende (Am 8,1-3) 153

Martin Schniertshauer
Wenn Gottes Haus nicht mehr
Gottes Haus ist (Am 9,1-4) 160

VI. Visionen im Buch Sacharja ... 167
Einführung in das Buch Sacharja ... 168

Alexander König
Gott in der Gottferne (Sach 1,7-17) ... 171

Alexander König
Wie ein Schmied zusammenschweißen (Sach 2,1-4) ... 176

Ingrid Orlowski
Der Mann mit der Messschnur (Sach 2,5-17) ... 180

Otto Wahl
Gott lässt den Prozess platzen (Sach 3,1-10) ... 186

Ehrenfried Schulz
Gottes Träume werden wahr (Sach 4,1-6.10-14) ... 193

Ehrenfried Schulz
Die fliegende Schriftrolle (Sach 5,1-4) ... 198

Ludwig Mödl
Bild der Hoffnung (Sach 5,5-11) ... 203

Ludwig Mödl
Der himmlische Streitwagen (Sach 6,1-8) ... 209

VII. Vision im ersten Buch der Könige ... 213
Einführung in die Königsbücher ... 214

Ernst Kusterer
Zerstreut wie Schafe,
die keinen Hirten haben (1Kön 22,13-23) ... 219

Autorenverzeichnis ... **225**

Visionen im Alten Testament

Die alttestamentlichen Visionen leben von Worten und Bildern[1], die uns in der heutigen Zeit vor nicht wenige Schwierigkeiten stellen, die vielen Menschen fremd erscheinen. Die Propheten haben es nicht nur mit irgendeinem Wort zu tun, sondern mit dem Wort Gottes. Sie sind berufen, ja fast gezwungen, dieses Wort, die Bilder unverkürzt und ungeschönt den Menschen zu verkünden.[2] Die Form dieser prophetischen Verkündigung wird am besten durch die Botenspruchformel zum Ausdruck gebracht, so wie es auch aus den Überschriften und Einleitungen der Prophetenbücher zu entnehmen ist.[3] „So spricht JHWH" ist verkürzt eine Spruchform des Gotteswortes. Propheten verkünden nicht nur positive, sondern auch negative Botschaften.[4] Auch aus diesem Grund ist die Berufung zum Propheten nicht immer leicht angenommen worden. Propheten sind demnach nicht Menschen, die nach dem Mund reden, eigenen Profit vor Augen haben, schöne Bilder an die Wand malen in Farben, die nach dem ersten Gewitter ausgewaschen sind. Deshalb dürfen auch weitere Spruchformen wie das Droh-, Schelt-,

---

[1] Vgl. K. SEYBOLD: *Die Sprache der Propheten. Studien zur Literaturgeschichte der Prophetie.* Zürich 1999, S. 12ff.

[2] Vgl. A. DEISSLER: *Dann wirst du Gott erkennen. Die Grundbotschaft der Propheten.* Freiburg 1987, S. 11-17.

[3] Vgl. Hos 1,1; Jona 1,1; Mi 1,1; Zef 1,1; Jer 1,11; 2,1 u.ö.

[4] Vgl. J. CONRAD: *Überlegung zu Bedeutung und Aktualität der Unheilsbotschaft der vorexilischen Schriftpropheten.* In: G. WALLIS (Hg.): *Zwischen Gericht und Heil. Studien zur alttestamentlichen Prophetie im 7. und 6. Jahrhundert v. Chr.* Berlin 1987, S. 91-105.

Mahn- oder Verheißungswort nicht unerwähnt bleiben.[5] Der Prophet als Bote Gottes verkündet einen Willensbeschluss seines Gottes „oder teilt zum wenigsten Empfindungen, Urteile, Stellungnahmen Gottes zu menschlichem Planen, Handeln und Verhalten mit. Prophetisches Wort, das solche göttliche Entscheidung überbringt, ist echter und eigentlicher ‚Wahrspruch'."[6] Neben dem Wort des Propheten gibt es auch die Schau. Der Prophet ist nicht nur Wortverkünder sondern auch Seher. So werden prophetische Berichte auch als „Buch der Schauung" bezeichnet (Nah 1,1; Ob 1; Jes 1,1) oder das „Wort", das der Prophet „schaute" (Jes 2,1; 13,1; Hab 1,1; Am 1,1; Gen 15,1). Wichtig hierbei ist auch die prophetische Intention in Num 23,3: „Ich aber will beiseite gehen; vielleicht begegnet mir der Herr. Was er mich sehen lässt, werde ich dir mitteilen." Der Prophet tritt hinter die Botschaft JHWHs zurück.[7]

Propheten verkünden also nicht nur Gehörtes sondern auch Geschautes, und haben die schwierige Aufgabe, die Bilder ins Wort bringen zu müssen! „Wie das empfangene Wort, so drängt auch die zuteilgewordene Schauung zur Mitteilung. Von besonderem Interesse muß es dabei sein, zu sehen, wie

---

[5] Vgl. C. WESTERMANN: *Grundformen prophetischer Rede*. München 1960, S. 38.

[6] F. HORST: *Visionsschilderungen alttestamentlicher Propheten*. In: Evangelische Theologie Heft 5 (1960), S. 193-205, hier S. 193.

[7] Zur Unterschiedlichkeit von Gottes Wort und prophetischer Verkündigung in der Sprache s. A. WAGNER: *Sprechakte und Sprechaktanalyse im Alten Testament. Untersuchungen im biblischen Hebräisch an der Nahtstelle zwischen Handlungsebene und Grammatik*. BZAW 253, Berlin, New York 1997.

sich Verbum und Visio jeweils zueinander verhalten. Der literarische Typus, der sich aus der mitgeteilten Schauung gestaltet hat, ist die Visionsschilderung. Sie beginnt vorwiegend mit einem eröffnenden ‚Ich sah'."[8] Dieses Schauen wird mit dem hebräischen $rā'ā$ bzw. $ḥzh$ ausgedrückt.[9] So ist der Seher in Israel auch „die ältere Umschreibung für den Propheten."[10] Der Prophet wird durch die Schau Gottes beschenkt, herausgerissen aus seiner vorstellbaren, bisher erfahrenen Welt. In den Gottesgesichten wendet sich Gott dem Propheten oft mit eigentümlichen Bildern zu (Ez 8,1ff.; 40,1ff.; Sach 2,1.5; 5,1; 6,1; Am 9,1-4). „Der Mann, dem das Auge aufgetan ist (Num 24,4.16), schaut hinein in eine Überwelt, in der er eine numinose Anwesenheit wahrnimmt."[11] Auch wenn JHWH visuell nicht wahrgenommen werden kann, wird die Begegnung mit ihm als Gesicht bezeichnet (vgl. Num 22,8ff; 19f.). Gesicht ist hier die Sammelbezeichnung für alles göttlich Wahrgenommene. Die Prophetie wird auf den visionär und auditionär zugekommenen Offenbarungsempfang bezogen. Die Vision selbst beschreibt die Erscheinung Gottes in verschiedensten Formen, auch solche, welche der Prophet vorher in seinem Leben noch nicht wahrgenommen hat. „Die Anwesenheit Gottes wird

---

[8] F. HORST: *Visionsschilderungen alttestamentlicher Propheten*. In: Evangelische Theologie Heft 5 (1960), S. 194f.; vgl. 1Kön 22,17; Jes 6,1

[9] Vgl. H.-F. FUHS: $rā'āh$. In: ThWAT Bd. VII., Sp. 225-266, bes. Sp. 260-263; D. VETTER: $ḥzh$. In: THAT I, Sp. 533-537.

[10] I. WILLI-PLEIN: *Vision*. In: NBL, Bd. 3, Düsseldorf 2001, Sp. 1039.

[11] F. HORST: *Visionsschilderungen alttestamentlicher Propheten*. In: Evangelische Theologie Heft 5 (1960), S. 195.

hier als ein überheller, alles überflutender Lichtglanz erfahren, der Gottes Wesenheit zugleich bezeugt wie verbirgt. Begleiter Gottes sind Pest und Seuche, aber auch das Erdbeben gehört (wie am Horeb 1Kön 19) zu den Vorboten seiner Nähe. Wie hier traditionelles Vorstellungsgut nicht nur die Wiedergabe der Epiphanie bestimmte, sondern auch in das visionäre Erlebnis mithineingenommen ist, genau so ist auch das Kampfmotiv mit mythologischem Gut vom Wettergott als Chaoskämpfer ausgestaltet."[12]

In den Visionen kommen aber auch Bilder vor, welche der Prophet aus seiner Zeit und Umgebung kennt. Die Auseinandersetzung mit den Königen und Mächtigen kommt auch in den Visionen vor.[13] Immer wird Gott aber als der Mächtigere, der Größere, der Sieger dargestellt. Achim Behrens unterstreicht, dass die prophetische Visionsschilderung als Gattung bzw. Textsorte nicht nur vom „Sehen", sondern auch vom „Hören" und vom „Reden" und „Handeln" bestimmt ist.[14]

„Anderes Traditionsgut bestimmt Erleben und Formung der Visionsschilderungen von Micha ben Jimla in 1Kön 22,19 ff. und von Jesaja (Jes 6). Das überkommene Leitbild, das in der Vision lebendig und verbindlich wird, ist beide Male die

---

[12] F. HORST: *Visionsschilderungen alttestamentlicher Propheten*. In: Evangelische Theologie Heft 5 (1960), S. 197.

[13] Vgl. K. SEYBOLD: *Die Sprache der Propheten. Studien zur Literaturgeschichte der Prophetie*. Zürich 1999, S. 216-232.

[14] A. BEHRENS: *Prophetische Visionsschilderungen im Alten Testament. Sprachliche Eigenarten, Funktion und Geschichte einer Gattung*. AOAT 292, Münster 2002, S. 377f.

Vorstellung von dem als König thronenden Gott, den sein himmlischer Hofstaat dienstbereit umgibt (vgl. auch Ps 89,6-8; Hi 1,6-12; 2,1-6) bzw. den in seiner Heiligkeit die Geisterwesen der Saraphen preisen und schirmen. Beide Visionen bezeugen aber noch etwas Weiteres. Prophet ist der, der das „Wort" Gottes „sah und hörte", weil ihm verstattet wurde, im visionären Erlebnis einer himmlischen Ratsversammlung beizuwohnen [...]."[15]

Der Prophet ist einerseits Augen- und Ohrenzeuge der ihn umgebenden Realität, die zum Himmel schreit, und andererseits ist er Augen- und Ohrenzeuge der Realität Gottes, die die Vorgänge bei den Menschen aufnimmt und sie dem Propheten widerspiegelt. In dieser göttlichen Spiegelung mischt sich der Prophet entweder ein oder bleibt stummer Hörer der Ratschläge der himmlischen Versammlung.

Beim Propheten Sacharja erkennt man die ablehnende Haltung gegenüber einem zu starken Anthropomorphismus. „Die beiden rahmenden Visionen 1,7-15 und 6,1-8 von den himmlischen Boten und ihren mehrfarbigen Rossen schildern eine Szenerie am Himmelseingang. Der Prophet hört mit an den Bericht dieser Boten und auch ihre erneute Beauftragung, er hört auch die fürbittenden Worte des Mittlerengels und die tröstliche Antwort, die diesem zuteil wird, und er hört schließlich auch, was er selbst kundzumachen

---

[15] F. HORST: *Visionsschilderungen alttestamentlicher Propheten.* In: Evangelische Theologie Heft 5 (1960), S. 197; vgl. auch A. BEHRENS: *Prophetische Visionsschilderungen im Alten Testament. Sprachliche Eigenarten, Funktion und Geschichte einer Gattung.* AOAT 292, Münster 2002, S. 164-182, 383.

hat, also die ihm selbst geltende Anweisungsrede, die bei Sacharja nicht mehr unmittelbar von Jahwe, sondern von dem ihn repräsentierenden Engel ergeht."[16]

Prophetische Visionen haben die Aufgabe der Ermächtigung zu auch noch so harter Kritik.[17] Der Prophet ist Mittelsmann der Botschaft Gottes, welcher die Menschen zur Umkehr bringen möchte.

Gott wird in seiner himmlischen Ratsversammlung als König dargestellt, umgeben von undurchdringlichem Lichtglanz. Die Thronwächter sind Engel, und der Thronwagen wird von feurigen Rossen gezogen, die mit den Elementen gleichgesetzt werden. Da das Alte Testament Eigenheiten, Charakteristika, Verhaltensmuster und Theorien nicht allgemein kennt, sondern in konkreten Bildern ausdrückt, wird JHWH in all seiner Macht mit den in der damaligen Zeit mächtigsten Darstellungsweisen beschrieben. Dieser Gott JHWH soll ja das Volk Israel nicht nur aus irdischen Verstrickungen, Niederlagen und Sackgassen befreien, sondern muss auch gegenüber fremden Gottheiten bestehen, mit denen z.B. die Exilierten konfrontiert werden.

Die Propheten werden teilweise schon bei ihrer Berufung mit diesen mächtigen, teilweise erschreckenden Bildern konfrontiert.

---

[16] F. HORST: *Visionsschilderungen alttestamentlicher Propheten.* In: Evangelische Theologie Heft 5 (1960), S. 198.

[17] Vgl. J. CONRAD: *Überlegung zu Bedeutung und Aktualität der Unheilsbotschaft der vorexilischen Schriftpropheten.* In: G. WALLIS (Hg.): *Zwischen Gericht und Heil. Studien zur alttestamentlichen Prophetie im 7. und 6. Jahrhundert v. Chr.* Berlin 1987, S. 91-94.

Gott berührt bei Jeremia selbst die Lippen und beauftragt ihn zu großen Taten mit der Zusage seines Beistandes. Die Visionen und Beauftragungen beschreiben keine Starbühnen, Bilderbuchkarrieren oder gar Festessen. Der Prophet muss zunächst einmal hart und unnachgiebig kritisieren, ermahnen, drohen, ja sogar den Untergang vorhersagen.

Ezechiel muss eine von JHWH selbst gereichte Buchrolle essen, welche Wehklagen hervorruft. Gottes Visionsspeisen sind oft bitter und für das Volk ungenießbar. „Ein sakramentaler Akt von Wortempfang geht hier visionär vor sich, durch den der gegenwärtig gewordene Gott sein beschlossenes Wort im Propheten gegenwärtig macht, ihn damit zum Wortträger bereitet."[18]

Zur prophetischen Vision gehört sowohl das Strafhandeln Gottes (Ez 8,5ff.; 9,1-11; 10,2.6f.) als auch die Vision von der Belebung der Totengebeine (Ez 37,1-14).[19] Nicht einmal der Tod, der stärkste Feind des lebendigen Gottes, kann den Menschen unter der Führung JHWHs etwas anhaben. Bei Gott ist nichts unmöglich. Wer sich JHWH wieder zuwendet, erfährt sogar die Rücknahme einer Vernichtungsvision (vgl. Am 7,1-6). Die Verschränkung von Bild- und Hörworten muss der Prophet nur verkünden. Gott selbst gibt die Deutung solcher Wortspiele (Assonanzen) und oft für Menschen unergründbarer Visionen (vgl. Am 7,7-9; 8,1-3).

---

[18] F. HORST: *Visionsschilderungen alttestamentlicher Propheten*. In: Evangelische Theologie Heft 5 (1960), S. 199.

[19] K.-F. POHLMANN: *Ezechiel. Der Stand der theologischen Diskussion*. Darmstadt 2008, S. 83-85.

Assonanzvisionen machen deutlich, dass Wort und Visionsberichte der Propheten schwerlich voneinander zu trennen sind. „Das typische Formschema dieser Assonanzvisionen, das aus kurzer Einführung, Visionsbild, göttlicher Vergewisserungsfrage mit ausdrücklicher Bestätigung des Erschauten durch den Propheten und dem deutenden Gottesspruch als Ziel besteht, ist auch dort erhalten geblieben, wo auf die Assonanz verzichtet und das Bildwort lediglich Symbol für einen kundzugebenden Sachverhalt wurde. So in Jeremias Gesicht von den beiden Körben mit guten bzw. schlechten Feigen (24,1-10), durch das ein göttliches Urteil menschlichen Wertungen des Exilierungsschicksals entgegengehalten werden will (vgl. ähnliches auch Hes 11). So besonders in den Visionen II-III, V bis VII bei Sacharja. Dabei ist das Schema immer neu variiert, indem die Fragen wegfallen, vermehrt oder zerlegt werden können, indem auch das Visionsbild bisweilen zerlegt oder weitergeführt wird und das Deutewort teils Verkündigungsauftrag wird, teils einen solchen unausgesprochen läßt. Was hier gesehen wird, die vier Schmiede und die vier Hörner, der zum Vermessen ausziehende Engel, der an seinem Tun verhindert wird, die beiden Ölbäume, die einen Leuchter flankieren, die mit einem Gottesfluch beschriftete fliegende Schriftrolle und der Behälter, in dem ein Weib durch einen Bleideckel eingeschlossen gehalten und der von geflügelten Wesen durch die Lüfte getragen wird, das alles sind visionär sich vollziehende Symbolhandlungen, in dem ein sich zum Vollzug rüstendes Geschehen sich als gültig setzt, sich vorwegnimmt."[20]

---

[20] F. HORST: *Visionsschilderungen alttestamentlicher Propheten.* In:

Die eigentliche Vision nimmt oft nur einen kleinen Textausschnitt ein. Die Bilder der Visionen sind deshalb oft schwierig zu deuten, weil nur der geschaute Sachverhalt ohne Interpretation, Erklärung oder persönliche Prägung geschildert wird. Rasch wechseln sich die Bilder und Symbole ab, so dass der Betrachter oft mit dem inneren, theologischen oder exegetischen Auge nicht nachkommt. Kommt zur Vision die Person des Propheten hinzu mit eigenen Gefühlsregungen, Prägungen, Erklärungen oder gar Interpretationen, dann vermischt sich Vision und prophetische Dichtung.[21] Oft kommen in den Visionen schreckliche Bilder vor, die einem Weltuntergang gleich kommen:

> Jeremia 4,23-26
> 4,23 Ich schaute die Erde an: Sie war wüst und wirr. Ich schaute zum Himmel: Er war ohne sein Licht.
> 24 Ich schaute die Berge an: Sie wankten, und alle Hügel bebten.
> 25 Ich schaute hin: Kein Mensch war da, auch alle Vögel des Himmels waren verschwunden.
> 26 Ich schaute hin: Das Gartenland war Wüste, und all seine Städte waren zerstört, zerstört durch den Herrn, durch seinen glühenden Zorn.

Alle Bilder wollen die Menschen aufrütteln und wieder zu Gott führen: „Prophetisches Wort und prophetische Schau decken auf und sprechen aus, was in der Sphäre Gottes als Willenswirklichkeit gesetzt ist und sich zum Durchbruch in

---

Evangelische Theologie Heft 5 (1960), S. 202.
[21] Sehr anschaulich bei Jer 4,5ff.

die Welt rüstet. Indem der Prophet diese geschaute und gehörte Wirklichkeit ausspricht, nachzeichnet, zur Eindringlichkeit gestaltet, weil er ja nicht mächtig ist, das zu unterlassen, wirkt er selber mit an jenem Durchbruch in die Konkretheit. Sein Wahrwort ist zugleich Wirkwort."[22]

Der Prophet selbst ist nicht nur passiv, sondern verwebt oft seine eigen (Gefühls-)Welt mit der Welt Gottes. Die Offenbarung der Wirklichkeit Gottes lässt den Propheten nicht kalt und teilnahmslos zurück, sondern versetzt ihn in andere Sphären, die nicht nur positiv sind. Berufung und Offenbarung Gottes lässt den Menschen aus seiner Umgebung heraus- und in die Wirklichkeit Gottes eintreten: So beschreibt Elifas im Buch Hiob diese Wirkmächtigkeit, die er selbst erfährt:

Hiob 4,12-21

4,12 Zu mir hat sich ein Wort gestohlen, geflüstert hat es mein Ohr erreicht.
13 Im Grübeln und bei Nachtgesichten, wenn tiefer Schlaf die Menschen überfällt,
14 kam Furcht und Zittern über mich und ließ erschaudern alle meine Glieder.
15 Ein Geist schwebt an meinem Gesicht vorüber, die Haare meines Leibes sträuben sich.
16 Er steht, ich kann sein Aussehen nicht erkennen, eine Gestalt nur vor meinen Augen, ich höre eine Stimme flüstern:
17 Ist wohl ein Mensch vor Gott gerecht, ein Mann vor seinem Schöpfer rein?

---

[22] F. HORST: *Visionsschilderungen alttestamentlicher Propheten*. In: Evangelische Theologie Heft 5 (1960), S. 204.

18 Selbst seinen Dienern traut er nicht, zeiht seine Engel noch des Irrtums.
19 Wie erst jene, die im Lehmhaus wohnen, die auf den Staub gegründet sind; schneller als eine Motte werden sie zerdrückt.
20 Vom Morgen bis zum Abend werden sie zerschlagen, für immer gehen sie zugrunde, unbeachtet.
21 Wird nicht das Zelt über ihnen abgebrochen, so dass sie sterben, ohne Einsicht?

Bezüglich der (Haupt-)Visionstypen[23], der Anwesenheitsvisionen, der Wortsymbol- (einschl. Wortassonanz-)visionen und der Geschehnisvisionen, ist diese Berufungsoffenbarung im Buch Hiob zum ersten Visionstyp zuzurechnen.[24]

Was ist echte Vision und was prophetische Einbildung? Diese Frage beantwortet Friedrich Horst wie folgt:

„Was hier sich aufmacht und heimlich aus einer oberen, jenseitigen Welt sich auf den Weg zu einem Menschen begibt, ist „Wort", und auf das Widerfahrnis des vernehmbaren Wortes, des auditiven Wortempfangs, drängt alles in dieser Schilderung hin. Dieses Wort räumt nächtliche Gesichte und Träume und alle damit sich einstellenden Grübeleien beiseite und wehrt auch allem Versinken in die Schlaftiefe. Seine Anwesenheit löst starkes Schreckgefühl aus, besonders als der zum Wortempfang ersehene Mensch die Anwesenheit des Wortes an einem dahingleitenden Hauch verspürt. Rät-

---

[23] Vgl. I. WILLI-PLEIN: *Vision.* In: NBL, Bd. 3, Düsseldorf 2001, Sp. 1038-1040.

[24] Vgl. L. SCHWIENHORST-SCHÖNBERGER: *Ein Weg durch das Leid. Das Buch Ijob.* Freiburg/Br. 2007, S. 33-35.

selhaft ist diese Anwesenheit. Sie wird verspürt, sie wird als ein numinoses Wesen, das Gestalt hat, wahrgenommen, nur wird sie gerade nicht „gesehen". Die Audition bleibt hart an der Grenze zur eigentlichen Vision stehen, obwohl gerade das Erstaunliche an dieser Wahrnehmung ist, daß dem „Wort" eine Gestalt, eine es umschließende und tragende Verleiblichung beigemessen wird, nur daß diese Verleiblichung nicht in die Sichtbarkeit durchbricht und es nur zum Hören einer „stillen Stimme" kommt."[25]

Zusammenfassend kann man die syntaktische Konstruktion der Vision wie folgt beschreiben: *r'h* (sehen) + *w^ehinne* (und siehe...) + Nominale Mitteilung. Danach folgt im Dialogteil die (erläuternde) Rede. Alle Formen und Teile in der Vision sind miteinander verbunden. „Der Redeteil einer Visionsschilderung will von der Schilderung der Schau her verstanden werden, und die Schilderung ist nicht ohne Fortsetzung in der Rede."[26] Die prophetische Vision will nicht nur Information, sondern Appell sein. Der Leser oder Hörer soll eine Änderung im Leben, Verhalten und seinen Beziehungen herbeiführen.

Ob Vision, Audition oder Traum: alle drei Gottesverbindungen weisen den Menschen in die Zukunft. Viele sagen: „Wenn man nur sehen könnte, wie es weitergeht!" Durch nichts wird der Mensch mehr niedergedrückt und blockiert

---

[25] F. HORST: *Visionsschilderungen alttestamentlicher Propheten.* In: Evangelische Theologie Heft 5 (1960), S. 205.
[26] A. BEHRENS: *Prophetische Visionsschilderungen im Alten Testament. Sprachliche Eigenarten, Funktion und Geschichte einer Gattung.* AOAT 292, Münster 2002, S. 378.

als durch die Aussichtslosigkeit. Was für den einzelnen gilt und ihn leicht in Verdrossenheit und Resignation treibt, das gilt auch für ein ganzes Volk. Das Volk Israel kannte die Bedeutung der Propheten und ihrer Visionen. Menschen, die das Wort Gottes dadurch selbst verkündeten. Dieses Wort ist wohl auf der einen Seite das leichteste und befreiendste, auf der anderen Seite auch das verantwortungsvollste Reisegepäck in der Zukunft. Auch das Volk Israel erkannte: Wer keine Visionen mehr hat, geht zugrunde. Die Aufgabe der Propheten in biblischer Zeit war es, die Aufgabe prophetischer Menschen unserer Tage ist es, die Menschen aufzurichten und ihren Blick in die Zukunft zu richten, sie durch Visionen von der Aussichtslosigkeit, der Erstarrung, von Depressionen zu befreien.

Vision heißt: Schon heute den Zustand von morgen sehen können. Aber dieses Sehen ist kein gleichgültiges, unbeteiligtes oder gar ängstliches Schauen in die Zukunft. Bei den prophetischen Visionen handelt es sich um ein aktives Erschaffen der Zukunft, ein Mitwirken an dem, was Gott für die kommende Zeit verkünden läßt. Gott selber gibt die Richtung an, in der die Zukunft zu suchen ist.

I. Visionen im Buch Jesaja

Einführung in das Buch Jesaja

Die Schrift, die unter dem Namen des Propheten Jesaja (dt. „JHWH rettet") auch große Teile des Neuen Testaments geprägt hat, begleitet das Volk Israel in verschiedensten Situationen der Bedrängung. Die 66 Kapitel dokumentieren als Ganzes die Theologiegeschichte Judas und Jerusalems von der Mitte des 8. Jh. bis zur Mitte des 3. Jh. v. Chr.[1]
Auch Jesajas Frau ist eine Prophetin (Jes 8,3), ihre gemeinsamen Söhne haben die bezeichnenden Namen Schear-Jaschub und Maher-Schalal-Chasch-Bas (Jes 7,3; 8,3.18). Die Namen der Könige in der Überschrift Jes 1,1 datieren die Wirksamkeit Jesajas in die Jahre ca. 739-701 v. Chr. in Jerusalem.[2] Der Beginn seines Wirkens fällt zwar in eine Zeit politischer Ruhe, aber die prophetische Kritik richtet sich gegen die Verarmung vieler Teile der Mittel- und Unterschicht. Deshalb ist seine Reaktion gekennzeichnet von einem sozial- und innenpolitischen Plädoyer für Recht und

---

[1] Vgl. zum Gesamtzusammenhang: W. A. M. BEUKEN: *Jesaja 1-12.* HThKAT, Freiburg i. Br. 2003; DERS.: *Jesaja 13-27.* HThKAT, Freiburg i. Br. 2007; U. BERGES: *Jesaja 40-48.* HThKAT, Freiburg i. Br. 2008; H.-J. HERMISSON: *Deuterojesaja 45,8-49,13.* BK.AT XI/2, Neukirchen-Vluyn 2003; P. HÖFFKEN: *Das Buch Jesaja Kapitel 1-66.* NSK AT 18/1-2, Stuttgart 1993 und 1998; H. WILDBERGER: *Jesaja 1-39.* BK X,1-3, Neukirchen-Vluyn X,1 ²1980; X,2 1978; X,3 1984; H.-W. JÜNGLING: *Das Buch Jesaja.* In: E. ZENGER u.a.: *Einleitung in das Alte Testament.* Stuttgart ⁷2008, S. 427-451; zum Thema Vision: A. BEHRENS: *Prophetische Visionsschilderungen im Alten Testament. Sprachliche Eigenarten, Funktion und Geschichte einer Gattung.* AOAT 292, Münster 2002, S. 138-163.

[2] Zur Biographie: W. A. M. BEUKEN: *Jesaja 1-12.* HThKAT, Freiburg i. Br. 2003, S. 24f.

Gerechtigkeit auch für die Menschen am Rand der Gesellschaft.[3] Herausforderungen sind die Verwicklungen in neuassyrische Großmachtpolitik. Konflikte zwischen dem Südreich und dem Nordreich bringen Jesaja auf die außenpolitische Bühne. 734-732 rät er König Ahas zu Neutralität. Nach Jesaja steht der Glaube an JHWH gegen die Bündnispolitik (bis 701) mit den anderen Staaten, welche auch andere religiöse Vorstellungen hatten. Der Untergang Samarias (Hauptstadt des Nordreiches) bringt neue Herausforderungen. In den Jahren 705-701 v. Chr. stellt König Hiskija die Tributleistungen an Assur ein. In der Konsequenz belagert Sanherib Jerusalem, glücklicherweise ohne Erfolg. Jesaja wirbt für JHWH, den Gott, der bis dahin die feindlichen Mächte zurückgedrängt hat.

Nach Jes 40-55 macht sich im babylonischen Exil resignative und verzweifelte Stimmung breit. Die Überlegenheit der babylonischen Religion, Kultur, Politik wird hingenommen und der JHWH-Glaube gerät in Vergessenheit. Den Glauben an JHWH, den Schöpfer und Retter versucht Jesaja wieder attraktiv und die Möglichkeit der Rückkehr schmackhaft zu machen. Die Kapitel 55-60 sollen der gesellschaftlichen Neukonstituierung Israels nach 520 helfen. Doch die ausbleibende Wiederherstellung Zions wird zum Problem: Mit dem Zion verbindet das Volk die Kommunikation mit JHWH, der das Leben selbst ist und gelingendes Leben garantiert. Die Offenheit in den Texten gegenüber nicht-israelitischen Völkern, die auch am Bund Gottes und am Zion teilhaben kön-

---

[3] Gegen das herkömmliche theologische Denken richtet sich Jesajas Kritik gegen die Selbstgerechtigkeit der führenden Schichten.

nen, ist am Besten in der Perserzeit verortet, weil hier eine Öffnung für andere Völker festzustellen ist. Davids Verheißungen für die Einheit von Gott, Staat, Kult und Gesellschaft gelten jetzt dem Gemeinwesen, einer Ausweitung des Heils auch für andere Völker.

Die Verfasserschaft Jesajas für die ganze Schrift wird aus dem Grund des Beschreibungszeitraums von mehreren hundert Jahren schwierig. Eine Zäsur kann im Text selbst sehr schnell festgestellt werden: Nach Kapitel 39 kommt der Name Jesaja nicht mehr vor. Könige, die im ersten Teil eine große Bedeutung haben, tauchen nicht mehr auf. Dafür spielt in Jes 44 und 45 der Perserkönig Kyrus eine bedeutende Rolle. Der Name Babel weist für Kap 40f. auf die babylonische Krise des 6. Jh. v. Chr. und nicht auf die neuassyrische Bedrängung des 8. Jh. hin.

Aufgrund der langen geschichtlichen Epochen, die im Buch beschrieben sind, der verschiedenen Stilelemente und der unterschiedlichen theologischen Ansätze wurde die Schrift in drei Teile gegliedert: Proto-Jesaja (erster Jesaja, Kapitel 1-39), Deutero-Jesaja (zweiter Jesaja, Kap. 40-55) und Trito-Jesaja (dritter Jesaja, Kap. 56-66).

Die Texte stehen dennoch untereinander in Beziehung (wie z.B. das Weinberglied in Jes 5,1-7 hat sein Gegenstück in Jes 27,2-6). Wichtige Stichworte durchziehen die Schrift: Der „Heilige Israels" kommt 35 mal und „Zion" 47 mal vor, die Schuld-Thematik in Verbindung mit dem Volk wird besonders in Bedrängungssituationen reflektiert. Dieser thematische rote Faden erzeugt einen Ganzheitscharakter, der für das Volk Israel und seine Theologie prägend wirkt.

Zum Text

Die in Qumran gefundene Jesaja-Rolle zeigt, dass die Schrift Mitte des 2. Jh. abgeschlossen war.[4] Kontroversen über den tatsächlichen Textanteil des Propheten durchziehen die Forschungsgeschichte bis heute. Minimalisten nehmen nur Jes 8,1.3f.16 und die Berufung 6,1-8 als genuin jesajanisch an. Beim minimalistischen Textbefund wird Jesajas Verkündigung in der Frühzeit um 739-736 v. Chr. (Jes 1+2), die mittlere Verkündigung um 734-732 (syrisch-efraimitische Auseinandersetzungen, Jes 7-8) und die Spätverkündigung um 705-701 (Jes 28-32) angesetzt. Jesaja, der von 739-701 Juda und Jerusalem kritisch begleitete, hat Botschaften schriftlich fixiert und seinen Schülern tradiert. Offensichtlich gibt es eine schriftliche Weiterüberlieferung durch Schüler Jesajas (Jes 8), von einer Jesaja-Schule kann aber nicht ausgegangen werden.

Anhaltspunkte für eine weitere Redaktion sind Erwähnungen Assurs und Babylons. Der Niedergang Assurs wird teilweise vorausgesetzt, weshalb hier wahrscheinlich eine Redaktion aus der Zeit des Königs Joschija (639-609) vorliegt.[5] Die Erzählungen über König Hiskija (ca. 728/27-699) sind entweder ein Reflex auf die Geschehnisse im Jahr 701 oder als eine Ermutigung in der babylonischen Krise zu deuten.[6] Babylons Präsenz in den Texten gilt als Zeichen dafür, dass der sog. joschijanische Jesaja nach 538 erweitert wurde.

---

[4] Ebenso wie Jesus Sirach, das NT und die LXX.

[5] Vgl. 2Kön 22,1.

[6] Vgl. Jes 7,14; 18,1-6.20.

Die Kapitel 40-66 sollen nach 538 entstanden sein, weil darin der Untergang Babylons vorausgesetzt und König Kyrus (559-530) erwähnt wird. Jesaja 56-66 ist dann wahrscheinlich noch später anzusetzen. Zwei verschieden Hypothesen können hier angeführt werden: Entweder ist Jes 40ff. vollkommen eigenständig entstanden (Duhm, O. H. Steck), oder der Text war schon in der Entstehungsphase eng an Jes 1-39 angeschlossen.

Sweeney[7] legt folgende Gesamthypothese vor: Er nimmt vier Stadien der Komposition an:

I. Historische Worte Jesajas aus der zweiten Hälfte des 8. Jh.
II. Joschijanisches Jesajabuch (Ende des 7. Jh.)
III. Fortschreibung im 6. Jh. (520-515)
IV. Endfassung zur Zeit Nehemia/Esra (Ende des 5. Jh.)

Gliederung

1-39
Proto-
Jesaja

– 1-12: Aufweis der Sünde und Katastrophenankündigung Judas/Jerusalems – Ankündigung der Wiederherstellung Judas/Jerusalems.

– 13-23: Drohworte gg. einzelne Völker: Babel, Philister, Moab, Damaskus und Israel, Assur, Kusch, Ägypten...

– 24-27: „Apokalypse": JHWH bewirkt Zerstörung, sein souveränes Königtum gewährt aber

---

[7] M. A. SWEENEY: *Isaiah 1-39 with an Introduction to Prophetic Literature.* FOTL XVI, Grand Rapids 1996, S. 41-62

Rettung am Berg Zion.

– 28-35: Gerichts- und Heilswort über Israel und Juda/Jerusalem. Der Abschnitt ist durch den Schrei der Totenklage „Wehe" gegliedert, unterschiedlicher rhythmischer Wechsel von Heils- und Unheilsworten.

– 36-39: Zionsrettung und Hiskija-Heilung: Belagerung Jerusalems durch Sanherib. Hiskija ist treu, deshalb wird er das babyl. Exil nicht erleben. Mitte des Jesajabuchs (U. Berges): Heilung Hiskijas und Rettung Jerusalems = Hoffnungsbotschaft der eschatologischen Rettung.

40-55

Deutero-Jesaja

– 40-55: Texte zeigen Gottes Vergebungsbereitschaft, er ist selbst Tröster des Volkes. Neuansatz in 48,20. Nachdem die Einzigkeit des Schöpfergottes festgestellt ist, kann die Aufforderung zur Heimkehr aus Babel erfolgen. Der neue Auszug ist herrlicher als der Exodus aus Ägypten.

– 42; 49; 50; 52; 53 Gottesknecht: Knecht JHWHs ist Israel/Jakob, der verzagt und mutlos ist. Ein anderer Knecht kommt, nimmt an Gottes Werk in der Geschichte teil. In den vier Texten kann das Geschick eines von Gott zur universalen Aufgabe gerufenen Menschen erkannt werden. Er bringt den Völkern das Recht ohne Leben zu gefährden (42). Aufgabe des Knechtes bezieht sich auch auf die Völker Frustration bei dieser

Aufgabe (49), aber auch Zuversicht in göttlichen Beistand (50). Sein Leiden kommt den Menschen zugute, es bedeutet Schuldableistung, die eigentlich den Menschen zugekommen wäre. Die Person des Knechtes ist nicht klar: sie kann auf Deutero-Jesaja selbst oder Israel, Kyrus, die Gruppe die vom Exil zum Zion geht, oder das malträtierte Jerusalem gedeutet werden.

56-66
Trito-
Jesaja

– 56-66: Themen wie Recht und Gerechtigkeit, Rettung und Gerechtigkeit (56-63); Metapher Vater und Mutter (63-66) durchziehen diesen Teil.

Schwerpunkte der Theologie[8]

1. Heiligkeit Gottes: JHWH wird als weltüberlegen, machtvoll und engagiert in der Welt dargestellt, der die Menschen auffordert, das Gute zu tun. Der Zorn Gottes wird durch die Sünde der Menschen hervorgerufen. Darüber hinaus schafft JHWH neues Heil und lässt einen Rest übrig. Jesaja erfährt an sich selbst Sündenvergebung (Jes 6,7). Er ist, vielleicht auch unter diesem Eindruck, nicht der radikale Unheilsprophet, sondern kündigt das Gericht als Läuterungsgericht an.

2. Theologische Anthropologie: Der Mensch soll auf das Gottseinwollen verzichten, denn nur der Glaube an den heiligen Gott befähigt zur Verwirklichung von Recht und Ge-

---

[8] Vgl. H.-W. JÜNGLING: *Das Buch Jesaja*. In: E. ZENGER u.a.: *Einleitung in das Alte Testament*. Stuttgart [7]2008, S. 448-451.

rechtigkeit. Der Mensch kann Ruhe finden im Glauben an den allmächtigen und barmherzigen Gott. Der verweigerte Glaube zieht ein individuelles und gemeinschaftliches Scheitern nach sich.

3. Die Rettungstat des einen Gottes als neue Schöpfung: Der Hauptinhalt von 40-55 ist die unbedingte Heilszusage. JHWH spricht den Menschen im Exil Mut zu. Er vergibt die Sünde, bewirkt die Heimkehr als neuen Exodus und ermöglicht neues Leben. Das alles ist Teil von Gottes Funktion als Schöpfergott. Jes 40-48 ist neben Gen 1 und 2 die bedeutendste Bezeugung des Schöpferglaubens.

4. Stellvertretendes Leiden: Die Lieder vom Gottesknecht zeigen: Israel gelangt in Errettung durch die Gerechtigkeit, welche durch alle Lebenssituationen hindurch (auch in der Bedrängung und im Leiden) gelebt wird. Signalworte und ethische Folgerung: Erkennen = Schuldbekenntnis = Tilgung.[9]

5. Zionstheologie: Die Unverletzlichkeit Zions ist der reale Hoffnungsgrund inmitten der Krisensituation. Das Ziel der Völkerwallfahrt ist die Errichtung eines Friedensreiches, in

---

[9] Vgl. dazu L. RUPPERT: *Der leidende Gerechte. Eine motivgeschichtliche Untersuchung zum AT und zwischentestamentlichen Judentum.* FzB 5, Würzburg 1972; C. R. NORTH: *The Suffering Servant in Deutero-Isaiah: An Historical and Critical Study.* Oxford ²1956; R. N. WHYBRAY: *Thanksgiving for a Liberated Prophet: An Interpretation of Isaiah Chapter 53.* JSOT.SS 4, JSOT, Sheffield 1978; T. D. N. METTINGER: *A Farewell to the Servant Songs. A Critical Examination of Exegetical Axiom.* Lund 1983; H. HAAG: *Der Gottesknecht bei Deuterojesaja.* EdF 233, Darmstadt 1985.

dem ein künftiger König Recht und Gerechtigkeit verwirklicht. Der Vergleich der dargestellten Beziehung Jerusalem-JHWH mit einer Mann-Frau-Beziehung ist neu. Zion als Ort wird zu Zion als Gestalt.

Die messianischen Texte zeigen, dass Gott in der Schöpfung für alle Menschen sein Heil bewirken will. Die Menschen sollen gegen die rücksichtslose Durchsetzung von Gruppeninteressen und zum Schutz der Armen wirken.

Der Zion

Peter Renju

Text: Jesaja 2,1-5

2,1 Das Wort, das Jesaja, der Sohn des Amoz, in einer Vision über Juda und Jerusalem gehört hat.
2 Am Ende der Tage wird es geschehen: Der Berg mit dem Haus des Herrn steht fest gegründet als höchster der Berge; er überragt alle Hügel. Zu ihm strömen alle Völker.
3 Viele Nationen machen sich auf den Weg. Sie sagen: Kommt, wir ziehen hinauf zum Berg des Herrn und zum Haus des Gottes Jakobs. Er zeige uns seine Wege, auf seinen Pfaden wollen wir gehen. Denn von Zion kommt die Weisung des Herrn, aus Jerusalem sein Wort.
4 Er spricht Recht im Streit der Völker, er weist viele Nationen zurecht. Dann schmieden sie Pflugscharen aus ihren Schwertern und Winzermesser aus ihren Lanzen. Man zieht nicht mehr das Schwert, Volk gegen Volk, und übt nicht mehr für den Krieg.
5 Ihr vom Haus Jakob, kommt, wir wollen unsere Wege gehen im Licht des Herrn.

Vergegenwärtigung

Ich frage mich: Was bewegt Menschen, auf einen Heiligen Berg zu kommen?

Stellen Sie sich eine Umfrage vor: Wir werden gefragt und sollen Auskunft geben. Was bewegt Sie aus dem Haus zu gehen, und auf einen Heiligen Berg zu kommen, oder an andere Heilige Orte?

Ich kann mir denken, dass da sehr verschiedene Antworten kommen:
- es ist Ausdruck meines Glaubens, diesen Glauben lebe ich! Ich freue mich auf viele Bekannte, Nachbarn und Freude, die mit mir den Glauben leben, – ich treffe da so manche!
- jemand anderes sagt: Ich verehre die Gottesmutter oder einen Heiligen ganz besonders, deshalb komme ich gern in ihr Heiligtum;
- vielleicht ist es Sorge, die sie aufbrechen lässt zur Wallfahrt;
- oder Probleme und Fragen sind ungelöst, sie ringen nach der richtigen Antwort;
- da ist vielleicht eine Not in der Familie, Krankheit in der Umgebung;
- sie haben ein großes Anliegen;
- alleine kommen sie nicht weiter, oder sie kommen für jemand stellvertretend;
- oder es ist einfach die gute Tradition, ich gehe an diesem oder jenem Tag immer zu diesem Berg oder an andere Orte und das im Bewusstsein: ich brauche das ... Es ist das Gespür es tut mir einfach gut;
- oder auch das Erleben und die Erfahrung: Dahin zu gehen hat mir schon mal geholfen ... und hilft mir weiter.

Wo finden Sie sich wieder? Möglicherweise gibt es auch noch andere Gründe und Motivationen, oder es ist ein Bündel von mehreren Gründen, wie auch immer. Menschen zu allen Zeiten fühlen sich angesprochen und angezogen von Heiligen Orten.

Der Prophet Jesaja erzählt uns von der Völkerwallfahrt auf den Heiligen Berg, den Zion. Nach vielen Umwegen, Sackgassen, Irrwegen erwarten die Völker die größte Sternstunde ihres Lebens: sie begegnen Gott. Diese Begegnung, diese Sternstunde ihres Lebens prägt nicht nur jeden einzelnen sondern auch das Miteinander:

> „Dann schmieden sie Pflugscharen aus ihren Schwertern und Winzermesser aus ihren Lanzen. Man zieht nicht mehr das Schwert, Volk gegen Volk, und übt nicht mehr für den Krieg." (Jes 2,4)

Die Gottesbegegnung stärkt die Menschen, gibt ihnen die Kraft wieder zurückzugehen in ihre je eigene Situation und sich dem Leben wieder zu stellen. Damit aber das geschehen konnte, musste zuerst in und mit dem Volk etwas geschehen: Jedes Volk vertraut zunächst auf seine Kraft, auf seine Fähigkeit, auf sein Können: Und dieser Weg führt ins Scheitern, er führt an Grenzen, Konflikte, in die Wüste. Aber *dort* geschieht es:

Das Volk wendet sich Gott zu, zuerst innerlich: Es erkennt und akzeptiert seine Ohnmacht, sein Nicht-mehr-Können, sein Versagen. Erst als es nicht mehr allein seiner Kraft und seinem Können vertraut, da kann es offen werden für das Handeln und Wirken Gottes.

Steckt in uns nicht auch so etwas wie in den Völkern bei Jesaja?

Wir wissen ja die Lösung der Probleme, wie etwas gehen kann und gehen muss, wir meinen oft alles im Griff zu haben!

Kraft, Leistung, allein alles können und machen wollen, das steckt oft in uns. Doch wir kommen an unsere Grenzen, wenn Krankheit stärker ist als unser Können, wir erfahren unsere Ohnmacht, wenn Beziehungen einfach nicht zu klären sind. Schnell sind wir kraftlos und hilflos.

Der Weg der Völker und die je persönliche Entwicklung laden uns ein, dass wir uns ganz neu Gott anvertrauen. Gott schenkt jedem Volk, jedem Menschen, was zum Leben nötig ist: Gerechtigkeit, Frieden, Geborgenheit, liebevolle Begegnungen. Am Ziel des Weges auf dem Heiligen Berg wird auch uns heute die große Erfahrung der Nähe und Gegenwart Gottes geschenkt.

Der Berg Zion bekommt für die Völker eine ganz zentrale Bedeutung. Es ist ein Heiliger Ort, weil dort die Begegnung mit Gott stattfinden konnte. Solche Heilige Orte kennt die Bibel nicht zufällig noch mehr: Sinai, Tabor, Horeb. Wir bezeichnen heute nicht mehr nur Berge als Heilige Orte, für uns sind es die großen und kleinen Wallfahrtsorte, die Klöster, die Kirchen oder Kapellen mit besonderer Bedeutung, auf der Anhöhe oder am Berg: Orte mit besonderer Anziehungskraft.

Heilige Orte, welche Bedeutung haben sie für uns oder können sie haben? Warum ziehen sie die Menschen an? Immer geht es da um die Anbetung und die Verehrung Gottes. Oder es sind Orte des Lebens, Leidens und der Auferstehung des Herrn, so im Heiligen Land.

Meist werden an diesen Orten große Heilige verehrt oder die Gottesmutter oder es sind Heilige, die den Menschen Vorbild, Helfer und Fürsprecher sind. Diese Orte geprägt vom geistlichen Leben, vom Glauben, der dort gelebt und gefeiert wird.

Heilige Orte sind meist weithin sichtbar, sie erheben sich, so wollen sie auch die Pilger die kommen, aus dem Alltag heben. Sie halten die Erinnerung wach, dass es da noch eine andere Dimension des Lebens gibt, nicht nur Arbeit und Alltag, nicht nur Sorgen und Probleme, sondern auch die Dimension des Religiösen, die Dimension Gottes. Hier wird der Glaube gelebt und gefeiert, für die Menschen aus der Unruhe des Lebens können sie zu Ruhepunkte werden, an denen der Mensch zu sich selbst findet und zur Ruhe kommen kann. Für den modernen Menschen wie eine Tankstelle, die den nötigen Kraftstoff für den weiteren Weg liefert, oder wie eine Oase in der Wüste, die das lebensnotwenige und kostbare Wasser bereithält.

Zu den Heiligen Orten gehören die Heiligen Zeiten

Heilige Zeiten sind die Zeitabschnitte des Kirchenjahres: Advent und Fastenzeit, die Osterzeit, die geprägten Zeiten, wie wir sie nennen.

Es sind die Zeiten, in denen wir uns aufmachen zur Wallfahrt, zur großen Wallfahrt: Jerusalem, Rom, Santiago de Compostela, Fatima, Lourdes ..., um einige der ganz großen Wallfahrten zu nennen. Aber auch die kleinen Wallfahrten, wenn wir zu regionalen Heiligtümern gehen: ganz in unserer Nähe: persönlich, als Familie, als Gruppe oder als Gemeinde.

Heilige Zeiten geben den Leben und Alltag eine Struktur, sie sind etwas Besonderes! Sie heben aus dem Alltag heraus, lassen uns aufatmen. Die Mitfeier des Kirchenjahres mit allem Brauchtum und Gestalten mit den religiösen Zeichen und Symbolen gehört auch diesen Bereich der Heiligen Zeiten.

Was geschieht, wenn der Mensch sein Leben durch Heilige Orte und Heilige Zeiten prägen lässt?

- Zuerst muss der Mensch sich auf den Weg machen. Er muss gehen oder fahren. Allein das Weg-gehen von zu Hause lässt Abstand gewinnen. Die Probleme und Sorgen nehmen nicht Überhand und belasten nur noch. Wir lassen sie stehen und machen uns auf den Weg, Schritt für Schritt. Das hat nicht mit Flucht zu tun, sondern wir tragen was uns belastet woanders hin, damit es dort bearbeitet wird. So ein Vorgang des Sich-Aufmachens will auch deutlich machen: Das Leben geht doch weiter, es gibt Schritte möglicherweise auch anders als ich zuerst denke.
- Das Ankommen am Heiligen Ort: Hier weiß der glaubende Mensch: Hier bin ich willkommen, ich darf kommen und bin angenommen.
- Die Heiligen Orte sind Orte des gelebten Glaubens. Die Feier des Glaubens in Gebet und Gottesdienst sind für uns ganz zentrale Glaubensvollzüge.

- Wer kommt, darf sich einklinken in die große Schar der Pilger und Wallfahrer und sich mittragen lassen.
- Wer in die Kirche kommt, darf abladen, darf ablegen, was belastet und bedrückt, und das im Bewusstsein: Ich allein muss nicht alles lösen, es muss mich nicht bedrücken und erdrücken. Das ist es: Abladen dürfen, eine Last ablegen, davon befreit werden, im Vertrauen darauf, dass es noch andere Möglichkeiten der Hilfe und Lösung gibt. Das hat auch mit Loslassen zu tun, was belastet in die Hand des Größeren geben, in die Hand Gottes.
- Und damit ist verbunden: Sich stärken lassen am Heiligen Ort! Von Gott selbst, vom Heiligen Geist, von der Gottesmutter.
- Wer diese Erfahrung machen kann, die stärkende Kraft des Glaubens erfährt, dem wird daraus Mut und Kraft zum Weitergehen. Auch wenn nicht alle Probleme und Sorgen weg sind, vielleicht ändert sich meine Sichtweise der Dinge, oder weil ich aufatmen konnte empfinde ich die Last nicht mehr so. Und ich weiß in allem, was schwer ist, bin ich nicht allein. Ich weiß Gott an meiner Seite, ich vertraue der Fürsprache der Gottesmutter, und ich habe das gemeinsame Beten und Singen mit anderen Glaubenden erfahren, und gibt Mut Kraft und Stärke.
- Und so kann ich zurückgehen und mich dem Leben mit all seinen Fragen wieder stellen.

Das Wichtigste ist der Vollzug des gemeinsamen Glaubens an Heiligen Ort, im Gebet, in der Feier der Gottesdienste im Empfang der Hl. Sakramente, der Versöhnung, der Eucharistie. Hier vollzieht Gott sein Werk und schenkt seine Nähe. Durch den Empfang der Sakramente wird der Mensch offen für Gott und sein Wirken. Gott will den Glauben des einzelnen und der ganzen Kirche stärken und erneuern. Übrigens, in der Geschichte der Kirche gingen solche Erneuerungen und Erneuerungsbewegungen immer von den geistlichen Zentren aus, von Klöster und Wallfahrtsorten, der lebendige und frische Glaube strahlte aus, und pflanzte sich fort. Gnade der Heiligen Orte!

Der Weg der Völker bei Jesaja ist uns einleuchtend. Es gibt da aber auch noch einen anderen Weg: Jesus geht mit seinen Jüngern hinauf nach Jerusalem. Er kündigt auf dem Weg sein Leiden an, er weiß, was ihm bevorsteht. Und doch geht er den Weg, den Weg des Leidens und Sterbens. Und heute wissen wir: Dieser Weg war für Jesus hart, grausam und unerbittlich bis hin zum Kreuz, aber für uns wurde der Golgatha-Hügel zum Heiligen Berg der Erlösung. Denn durch sein Leiden und Sterben wurde Auferstehung und neues Leben für uns. Nicht immer also endet der Weg zum Heiligen Ort wunschgemäß, manchmal sogar so, dass wir es nicht verstehen. Ich denke da an jemand, der für eine Krebskranke intensiv gebetet hat. Die Frau wurde nicht gesund, aber sie hatte durch das viele Gebet der anderen die Kraft für ihren schweren Weg und konnte gut und gelöst sterben. Wie Gottes Hilfe aussieht, wissen wir nicht, das steht uns nicht zu, und verstehen wir oft nicht, aber wir dürfen darauf vertrauen, dass Gott es gut meint und das Beste für uns will, auch wenn wir jetzt nicht begreifen. Sein Heilswille geht weiter, das zeigt uns Jesu Leiden und Sterben. Es wurde zur Sternstunde für uns!

Heilige Ort und Heilige Zeiten, sie sind für uns, wir brauchen sie, dass unser Glaube gestärkt werden, dass uns Trost und Hoffnung geschenkt werde, dass unsere Freude und Begeisterung für Christus und seine Kirche neue Schubkraft erfahre.

Heilige Ort und Heilige Zeiten große Chance für uns den Glauben zu erneuern, Kraft und Hilfe von Gott zu erfahren: einfach Gott zu begegnen, der sich erfahren lässt, um heute mit IHM zu leben.

Es liegt an uns, dass wir diese Chance nützen und fruchtbar machen für uns. Gehen wir immer zu den Heiligen Orten, regelmäßig in überschaubaren Abständen, oder immer dann, wenn ich es in mir spüre:

Es wird Zeit, dass ich wieder mal auf den Heiligen Berg gehe.

Das Trishagion / Sanctus

Hans-Jürgen Feulner

Text: Jesaja 6,1-4
6,1 Im Todesjahr des Königs Usija sah ich den Herrn. Er saß auf einem hohen und erhabenen Thron. Der Saum seines Gewandes füllte den Tempel aus.
2 Serafim standen über ihm. Jeder hatte sechs Flügel: Mit zwei Flügeln bedeckten sie ihr Gesicht, mit zwei bedeckten sie ihre Füße, und mit zwei flogen sie.
3 Sie riefen einander zu: Heilig, heilig, heilig ist der Herr der Heere. Von seiner Herrlichkeit ist die ganze Erde erfüllt.
4 Die Türschwellen bebten bei ihrem lauten Ruf, und der Tempel füllte sich mit Rauch.

Vergegenwärtigung

Innerhalb der Berufungsperikope des Propheten Jesaja (Jes 6,1-13) findet sich gleich zu Beginn ein Abschnitt, der für die Liturgien des Ostens und Westens von großer Bedeutung ist, nämlich die Gottesvision, bei der der Prophet im Allerheiligsten des Tempels den Thron Gottes sieht, der von Serafim geschützt wird, die einander das dreimalige *Sanctus* („Trishagion"[1]) zurufen:

---

[1] In der neueren Liturgiewissenschaft reserviert man „Trishagion" jedoch als *terminus technicus* für die erstmals auf dem Konzil von Chalkedon (451) feierlich bezeugte Akklamation: „Heiliger Gott, heiliger Starker, heiliger Unsterblicher, erbarme dich unser", die – mit verschiedenen Erweiterungen – in den östlichen Riten im Wortgottesdienst (vor den Le-

Das Trishagion / Sanctus (Jesaja 6,1-4)

„Heilig, heilig, heilig ist der Herr der Heere. /
Von seiner Herrlichkeit ist die ganze Erde erfüllt"
(Jes 6,3).

Der Ruf der Serafim angesichts der Gotteserscheinung in Jes 6,3 wurde bereits im jüdischen Sabbatmorgengottesdienst der Synagoge (*q^eduša*)[2] und auch von den Christen früh in das tägliche Gemeindegebet (vielleicht in das Morgenlob) übernommen.[3] Dieser Engelruf ist zuerst im Orient in der ersten Hälfte des 4. Jahrhunderts, dann im Laufe des 5. Jahrhunderts auch im Westen in das Eucharistische Hochgebet eingefügt worden, dabei später fast überall (ausgehend von Gallien) durch Ps 118,26 (das „*Benedictus*"[4]) mit der umrah-

---

sungen bzw. zum „Kleinen Einzug") und im römischen Ritus in der Karfreitagsliturgie (als Kernbestandteil der „Improperien" bei der Kreuzverehrung) ihren liturgischen Platz hat.

[2] Siehe bereits A. BAUMSTARK: *Trishagion und Qeduscha*. In: Jahrbuch für Liturgiewissenschaft 3 (1923), S. 18-32; W. O. E. OESTERLEY: *The Jewish Backround of the Christian Liturgy*. Oxford 1925, S. 144-147; E. PETERSON: *Das Buch von den Engeln*. Leipzig 1935, S. 115-117; B. D. SPINKS: *The Jewish Sources for the Sanctus*. In: The Heythrop Journal 21 (1980) S. 168-179; C. BÖTTRICH: *Das „Sanctus" in der Liturgie der hellenistischen Synagoge*. In: Jahrbuch für Liturgik und Hymnologie 35 (1994/95) S. 10-36.

[3] Siehe z.B. Offb 4,8; 1. Klemensbrief, Kap. 34 [W. C. VAN UNNIK: *1 Clement 34 and the 'Sanctus'*. In: Vigiliae Christianae 5 (1951) S. 204-248; E. KÄHLER: *Studien zum Te Deum*. Göttingen 1958, S. 15-39, 149f.].

[4] Während das *Benedictus* im Orient erst seit dem 8. Jh. nachweisbar ist, muss es in der römischen Messfeier mindestens im 7. Jh. schon üblich gewesen sein, da es nämlich in den meisten Handschriften des römischen Canon Missae vorhanden ist. Die früheste Bezeugung liegt für Gallien vor bei Cäsarius von Arles († 540).

menden Akklamation „*Hosanna*" (Mt 21,9; Ps 118,26) ergänzt. Diese Einfügung dürfte im Zusammenhang mit den arianischen Kämpfen um die wahre Gottheit Christi erfolgt sein und setzt dabei eine trinitarische Deutung[5] des dreimaligen Heilig-Rufes (Sanctus/„Trishagion") voraus:[6]

Sanctus, Sanctus, Sanctus Dominus Deus Sabaoth.	Heilig, heilig, heilig Gott, Herr aller Mächte und Gewalten.
Pleni sunt caeli et terra gloria tua. [Jes 6,3]	Erfüllt sind Himmel und Erde von deiner Herrlichkeit.
Hosanna in excelsis. Benedictus qui venit in nomine Domini. Hosanna in excelsis. [Mt 21,9; Ps 118,26]	Hosanna in der Höhe. Hochgelobt sei, der da kommt im Namen des Herrn. Hosanna in der Höhe.

Der Wortlaut dieses Hymnus beginnt mit einer biblischen Preisung Gottes (Jes 6,3), fügt dann aber verschiedene liturgische Rufe zusammen und komponiert sie zu einem Hymnus. Der Preis der „Ehre" Gottes bezeichnet zugleich seine Überweltlichkeit: Diese „Ehre", „Mächtigkeit" und „Herrlichkeit" (hebräisch: *kābōd*; griechisch: *doxa*) ist spezifisches

---

[5] Der Ansatz einer trinitarischen Deutung liegt schon bei Joh 12,41 vor, wenn es von Jesaja mit Bezug auf Christus heißt, er habe seine Herrlichkeit gesehen.

[6] Im sog. „Ambrosianischen Lobgesang" des *Te Deum* ist das dreimalige Heilig völlig in die Strophe hineinkomponiert.

Prädikat Gottes im ganzen Alten Testament, nur ihm ist sie eigen. Jesaja schaut, was sonst verborgen ist, die Präsenz Gottes im Tempel, die zugleich die Dimensionen des Tempels sprengt, weil allein schon sein Gewandsaum, der äußere Rand der Herrlichkeit Gottes, den ganzen Raum ausfüllt. Diese Herrlichkeit Gottes durchbricht menschliche Raum- und Vorstellungsgrenzen, entzieht sich dadurch auch jeglicher Verfügbarkeit. Alle Wohltaten und Gnadenerweise Gottes, für die wir zu danken haben, sind schließlich nur Offenbarungen seines innersten Wesens, das ganz Licht und Klarheit ist, unantastbar und ohne Makel, vor dem das Geschöpf sich nur in tiefster Ehrfurcht beugen kann – seiner „Heiligkeit". Gott wird heilig gepriesen als der „Herr", was vom „Kyrios" der LXX her und dem „Dominus" der Vulgata eine abschwächende Entsprechung für den Eigennamen Gottes YHWH ist. Als Thronender ist der Herr König, der seine unumschränkte Herrschaft ausübt. Bei der weiteren Anrede an Gott mit „Deus Sabaoth" ist das „Deus" gegenüber der Bibel hinzugefügt. Mit „Zebaot" gebrauchen wir ein Fremdwort aus dem Hebräischen ($s^e\,b\bar{a}'\hat{o}t$), das, mit „Herr der Heerscharen" übersetzt, nur unvollkommen verstanden werden kann. „Zebaot" ist beim Propheten Jesaja eine Bezeichnung für die Erhabenheit Gottes über allem, was seine Macht und Herrschaft im Himmel und auf Erden darstellt.

Im liturgischen Sanctus sind gegenüber der biblischen Grundlage von Jes 6 drei neue Akzente zu beachten: (1) Der Schauplatz ist nicht mehr wie beim Propheten der Tempel zu Jerusalem, sondern der Himmel, der sich im eucharistischen Mysterium auf die Erde hin öffnet. (2) Deswegen sind es nicht mehr bloß die Serafim, die rufen, sondern die ganze

Heerschar des Himmels, in deren Ruf von Christus her, der Himmel und Erde miteinander verbindet, die gesamte Kirche einstimmen kann. (3) Von daher ist das *Sanctus* aus der Er-Form in die Du-Form versetzt worden: „Himmel und Erde sind voll von *deiner* Herrlichkeit". Das Hosanna, ursprünglich ein Schrei um Hilfe, wird so zum Lobgesang.[7] Die „Herrlichkeit des Herrn", die einst im Tempel gewohnt hat, hat auf neue und großartige Weise in der Menschwerdung des Gottessohnes auf Erden ihr Zelt aufgeschlagen (Joh 1,14). Der Sanctus-Ruf macht also die Situation der gottesdienstlichen Gemeinde erfahrbar: Mit der ganzen Schöpfung stehen wir vor dem Thron und dem Lamm, wie Offb 4 und 5 schildern, und dürfen teilhaben an dem Lobpreis, den die unzähligen Scharen des Himmels ständig darbringen. In die immer schon vorausgehende himmlische Liturgie fügen wir uns bei der Feier der heiligen Messe mit ein. All unser Singen ist Mitsingen und Mitbeten mit der großen Liturgie, die die ganze Schöpfung umspannt.[8]

Das „Hosanna" stammt aus dem Hebräischen bzw. Aramäischen (hebr.: *hōšīʿā-nā*; aram.: *hōšaʿ-nā*) und bedeutet ursprünglich: „Rette doch! Hilf doch!" (vgl. Ps 118,25: „Ach, Herr, bring doch Hilfe! Ach, Herr, gib doch Gelingen!"). Schon in der synagogalen Liturgie wurde die Bitte zum Preis auf den Helfer, wie man Mt 21,9, dem Ruf der Menschen beim Einzug Jesu in Jerusalem, entnehmen kann: „Hosanna dem Sohne Davids!" Diese Mt-Stelle ist ganz offenbar hier

---

[7] Vgl. J. RATZINGER: *Ein neues Lied für den Herrn*. Freiburg 1995, S. 180-184.

[8] Vgl. J. RATZINGER: *Der Geist der Liturgie*. Freiburg 2000, S. 130f.

angezogen, besonders in der Wendung des „Kommens im Namen des Herrn". Dieses „Kommen" besitzt im Zusammenhang des Eucharistischen Hochgebetes einen Hinweischarakter. Es verweist auf die erwartete Gegenwart des Herrn in den eucharistischen Gaben. Der zweite Teil des *Sanctus*, der mit dem *„Benedictus"* beginnt, hat Akklamationscharakter und weist schon in der Wendung *benedictus* (= hebräisch: *bārūch*) auf jüdische Gebetsgepflogenheiten hin: Der Preisung des Vorstehers folgte stets eine Zustimmung des Volkes. Wenn die Menschen von Jerusalem am Palmsonntag Jesus zuriefen, so begrüßten sie ihn als den Messias, als den König der Endzeit, der in die Heilige Stadt und in den Tempel einzieht, um davon Besitz zu ergreifen. Ist das *Sanctus* der ewigen Herrlichkeit Gottes zugeordnet, so bezieht sich das *Benedictus* demgegenüber auf das Ankommen des fleischgewordenen Gottes in unserer Mitte. Christus, der Gekommene, ist immer auch der Kommende: Sein eucharistisches Kommen macht die Verheißung zur Gegenwart und holt die Zukunft in unser Heute ein.

Kirchenmusikalisch gesehen ist das „Sanctus-Benedictus" nach Entstehung und Funktion kein selbständiges Gesangstück, sondern ein eingefügter Absatz im fortlaufenden Hochgebet, worin sachgemäß die gesamte anwesende Gemeinde akklamierend einfällt. Festlichen Charakter erhielt das *„Sanctus"* durch das hier schon früh vorgesehene Orgelspiel und das Läuten der Kirchenglocke, die bei Privatmessen durch eine kleine Schelle ersetzt wurde. Später als das Kyrie und das Gloria bildete auch das *Sanctus* eigene reichere Melodien aus und wurde schließlich vom polyphonen Chor übernommen. Die Polyphonie führte zur Trennung des *Benedictus* vom *Sanctus*,[9] was aber im neuen Messordo nicht mehr vorgesehen ist.

---

[9] Noch 1921 verfügte die Ritenkongregation, dass das *Benedictus*, der zweite Teil des *Sanctus*, in jedem Fall erst nach den Einsetzungsworten zu singen sei, womit das Hochgebet dann sogar im Choralamt völlig überdeckt wurde, wie es schon bei den konzertanten polyphonen Messen der Fall gewesen war.

Der Geist des Friedens

Sven van Meegen

Text: Jesaja 11,1-10

11,1 Doch aus dem Baumstumpf Isais wächst ein Reis hervor, ein junger Trieb aus seinen Wurzeln bringt Frucht.
2 Der Geist des Herrn lässt sich nieder auf ihm: der Geist der Weisheit und der Einsicht, der Geist des Rates und der Stärke, der Geist der Erkenntnis und der Gottesfurcht.
3 [Er erfüllt ihn mit dem Geist der Gottesfurcht.] Er richtet nicht nach dem Augenschein, und nicht nur nach dem Hörensagen entscheidet er,
4 sondern er richtet die Hilflosen gerecht und entscheidet für die Armen des Landes, wie es recht ist. Er schlägt den Gewalttätigen mit dem Stock seines Wortes und tötet den Schuldigen mit dem Hauch seines Mundes.
5 Gerechtigkeit ist der Gürtel um seine Hüften, Treue der Gürtel um seinen Leib.
6 Dann wohnt der Wolf beim Lamm, der Panther liegt beim Böcklein. Kalb und Löwe weiden zusammen, ein kleiner Knabe kann sie hüten.
7 Kuh und Bärin freunden sich an, ihre Jungen liegen beieinander. Der Löwe frisst Stroh wie das Rind.
8 Der Säugling spielt vor dem Schlupfloch der Natter, das Kind streckt seine Hand in die Höhle der Schlange.

9 Man tut nichts Böses mehr und begeht kein Verbrechen auf meinem ganzen heiligen Berg; denn das Land ist erfüllt von der Erkenntnis des Herrn, so wie das Meer mit Wasser gefüllt ist.
10 An jenem Tag wird es der Spross aus der Wurzel Isais sein, der dasteht als Zeichen für die Nationen; die Völker suchen ihn auf; sein Wohnsitz ist prächtig.

Vergegenwärtigung

Seit über 60 Jahren haben wir nun Frieden in Deutschland. Ein wahres Geschenk. Aber für viele ist dieses Geschenk schon so selbstverständlich, dass es gar keiner Dankbarkeit oder auch nur Anstrengung bedarf. Es ist gefährlich zu meinen, Frieden sei eine Dauererscheinung in Deutschland und könne zur Not auch selbst gemacht werden. Auch wir meinen wie die davidischen Könige damals, alles selbst machen zu können, das Leben und uns selbst besser zu verstehen als Gott. Übersehen wir dabei nicht ebenso wie die Davidsnachkommen des 8. Jh. v. Chr., auf die wir nicht von oben herabschauen dürfen, dass Frieden, Gerechtigkeit und das Leben selbst ein Geschenke sind, die stets unseren ganzen Einsatz erfordern?

Unser Text vom Paradiesfrieden stammt wohl aus dem 8. Jh. v. Chr. Damals wurde das Reich Juda von Königen aus dem Hause Davids von sehr unterschiedlicher Qualität regiert. Deshalb ließ die politische Lage, vor allem aufgrund der Bedrohung durch die assyrische Militärmacht, den Zusammenbruch des Reiches Juda für die allernächste Zeit erwarten.

Dem Volk lässt Gott durch seinen Propheten Jesaja die bald eintretende Katastrophe ankündigen. Das Reich Davids wird untergehen. Zugleich verheißt jedoch Gott, es wie die Bauern zu machen. Sie fällen einen alten Baum, um durch den jungen Trieb, der aus dem Baumstumpf hervorwächst, einen neuen Ansatz, neues Leben zu gewinnen.

Was bedeutet das alles für uns heute?

Es ist sicher hilfreich, an den alten, knorrigen Stamm unserer Selbstsicherheit zu klopfen und zu prüfen, ob unser Lebensstamm noch von Leben durchzogen ist. Wo wurmt es, wo knarrt es kräftig, wo klingt es hohl und abgestorben?

Der von außen so selbstsicher wirkende Stamm ist oft nur noch Fassade, hinter dessen Rinde das Leben bröckelt. Unser Text sagt uns Heutigen, dass Gott seine Beziehung mit uns Menschen durch nichts und niemanden zerstören lassen möchte. Sein alles neu gestaltender Geist garantiert das. Und was verheißt diese Beziehung? Ein Paradiesesfrieden in phantastischen Farben. Gott ist entschlossen, die Vollendung des Menschen und der Schöpfung zu verwirklichen. Das Wann und das Wie liegen in Gottes Hand. Und was sollen wir Menschen dann noch tun? Uns ist es aufgetragen, schon jetzt etwas davon zu verwirklichen, indem wir in der Kraft des Geistes Gottes leben, für Recht und Gerechtigkeit eintreten und allem Unmenschlichen eine klare Absage zu erteilen.

Unser Auftrag heißt also, den Geist des Friedens, der Gerechtigkeit und Liebe in der Welt zu verbreiten. Wichtig dabei ist zu wissen, dass wir nicht alles selbst tun können. Gott ist es, der in uns das Wollen, das Vollbringen und die Fülle verwirklichen wird. Dabei braucht er wie damals von Maria auch unser freies Ja zu seinem Plan des Lebens. So erwarten wir unser Heil nicht von uns selbst, sondern nur von Gott, und zwar als ein freies Geschenk seiner Liebe.

Dieses Geschenk ist so unaufdringlich wie dieses kleine Reis, das wir kaum bemerken, das uns aber allein Zukunft geben kann, und durch das Gott uns einen neuen Anfang ermöglicht, zu dem es keine wirkliche Alternative gibt.

Jedes Jahr in der Vorbereitung auf Weihnachten stellt sich uns die Frage, ob wir wirklich bereit sind, uns dem Geist Gottes zu öffnen, ob wir bereit sind, uns von ihm wirkliche Erkenntnis und echte Erfassung der Wirklichkeit schenken zu lassen. Wir müssen uns fragen, ob wir etwas Ernsthaftes und Bleibendes ohne diese Kraft Gottes tun können, ob wir überhaupt fähig sind, Gott in Liebe zu begegnen, nach ihm unser Leben auszurichten und alles in ihm zu erneuern. Vertrauen wir nicht lieber auf das „Fleisch", d.h. auf die sehr begrenzten Möglichkeiten des Menschen, der erst in der Katastrophe bemerkt, dass er alles auf die falsche Karte gesetzt und nun einfach verspielt hat? In der Taufe und in den anderen Sakramenten wurde uns in besonderer Weise die belebende Kraft des Geistes Gottes geschenkt. Wann werden wir bereit sein, an diese größere Wirklichkeit in uns zu glauben und unser Leben aus der Fülle des Geistes Gottes umgestalten zu lassen?

In der Gesellschaft heute geht es oft um Selbstverwirklichung.

Im christlichen Sinne heißt das, sich selbst zu geben, um zu sich selbst zu kommen und umgekehrt: zu sich selbst kommen, um daraus sich selbst geben zu können.

Die Botschaft Gottes durch seinen Propheten Jesaja ergeht in erster Linie an die Gegenwart und stellt deshalb auch an uns heute die Forderung, von diesem Paradiesfrieden, von dem in Christus verwirklichten Menschsein in der Kraft seines Geistes etwas in unserem Leben umzusetzen. Das heißt dann aber, dass wir uns nicht selbst als der Mittelpunkt betrachten, sondern auch einmal den Rand als unsere Mitte vornehmen: die Menschen, die am Rande der Gesellschaft leben, die ausgegrenzt sind, die außerhalb unseres sozialen Horizonts leben.

Sind wir damit Friedensstifter, die von Christus selig gepriesen werden? Bemühen wir uns um den Auftrag Jesu, dessen Liebe alle Menschen umfasst, und der allen Menschen das Ja der Annahme zusagt? Oder sind wir wie die Davidskönige damals Anbeter der Macht und leben wir in der Haltung alle gegen alle? Sind wir bereit, den ersten Schritt zur Versöhnung und Verzeihung zu tun, oder warten wir jeweils auf die anderen, um bis dahin einmal Gleiches mit Gleichem zu vergelten?

Die Botschaft von der Selbstverwirklichung des Menschen in Jesaja 11, von seiner Sinnverwirklichung in Frieden und von seiner Vollendung, bedarf stets unserer aktiven Mitarbeit, geleistet aus der Kraft des Geistes Gottes, um mit dieser Friedensbotschaft von den anderen verstanden und angenommen werden zu können.

II. Visionen im Buch Jeremia

Einführung in das Buch Jeremia

Jeremia (dt. „JHWH erhöht", ca. 650-580)[1] geht mit dem Volk durch alle Gefahren hindurch bis hin zum Exil. Er scheut nicht das kritische und vernichtende Wort JHWHs zu verkünden, lebt es aber auch in aller Konsequenz mit dem Volk, das er liebt.[2]

Als Herkunftsort des Jeremia wird Anatot genannt (1,1; 29,27), 10 km nördlich von Jerusalem. Die dortigen Bewohner wollen ihm das Prophetenamt ausreden (11,18-12,6), ihn sogar umbringen. Er ist zwar priesterlicher Abstammung, gehört aber selbst nicht zu Priesterkreisen, sonst hätte er laut Gesetz keinen Acker besitzen dürfen. In seiner Botschaft lässt sich wenig priesterliche Prägung (anderes als z.B. bei Ezechiel) erkennen. Berufung, Sendung und Ausstattung Jeremias in 1,4-10 erinnern an Berufungen von Rettern wie Mose (Ex 3f.), Gideon (Ri 6), Samuel (1Sam 9f.) und mit dem knappen visionären Element an Jes 6 und Ez 1-3.[3]

Das Jeremiabuch ist geradezu das Dokument einer entstehenden Schriftkultur.[4] Anlass gibt dazu die Erzählung Jer 36

---

[1] Vgl. zur Biographie: G. FISCHER: *Jeremia 1-25*. HThKAT, Freiburg 2005, S. 97-101.

[2] Vgl. F.-J. BACKHAUS, I. MEYER: *Das Buch Jeremia*. In: E. ZENGER u.a.: *Einleitung in das Alte Testament*. Stuttgart ⁷2008, S. 452-477.

[3] Vgl. D. VIEWEGER: *Die Spezifik der Berufungsberichte Jeremias und Ezechiels im Umfeld ähnlicher Einheiten des Alten Testaments*. Beiträge zur Erforschung des Alten Testaments und des Antiken Judentums, Band 6, Frankfurt/M. 1986.

[4] Vgl. F.-J. BACKHAUS, I. MEYER: *Das Buch Jeremia*. In: E. ZENGER u.a.: *Einleitung in das Alte Testament*. Stuttgart ⁷2008, S. 466f.

als Vorstellungsmodell für die Entstehung des Jeremiabuches.[5] Der Prophet hat seine bisherigen Worte seinem Schreiber Baruch für einen Gesamtvortrag diktiert und nach Vernichtung dieser Rolle (durch die Machthaber) eine zweite Fassung auf dieselbe Weise und mit zusätzlichen Worten herstellen lassen. Die Schrift gibt keine Nachträge aus dritter Hand an, aber die Historizität darf nicht fraglos vorausgesetzt werden. Dennoch kann man Jer 36 als Anhaltspunkt nehmen, „die Entstehung des Buches im Rahmen eines Fortschreibungsmodells zu verstehen."[6] „Geschriebenes" spielt im Buch Jeremia eine große Rolle, und archäologisch ist ab dem 7. Jh. v. Chr. in Jerusalem eine „schriftkundige Elite" anzunehmen.

Auch wenn die Historizität nicht ganz klar ist, dürfen die Angaben im Buch Jeremia nicht als pure Anachronismen abgetan werden. Der Prophet hat zu unbekannter Zeit den Auftrag bekommen, hoffnungsvolle Worte für Israels Zukunft niederzuschreiben. Im Jahr 605 diktiert er Baruch seine bisherigen Verkündigungstexte und beauftragt ihn mit der Verlesung im Tempel. Nach der Vernichtung der Schriftrollen hat er eine zweite Fassung, erweiterte Fassung anfertigen lassen. Jeremia korrespondiert zur Zeit Zidkijas mit den Deportierten in Babylon. Das ganze Buch ist durchzogen mit Hinweisen auf die neue Schriftkultur, Baruch wird „Schreiber" genannt und noch vieles mehr. Es gibt außerdem viele Anspielungen auf andere Propheten (z.B. Hos,

---

[5] Vgl. G. FISCHER: *Jeremia 26-52.* HThKAT, Freiburg 2005, S. 305f.

[6] F.-J. BACKHAUS, I. MEYER: *Das Buch Jeremia.* In: E. ZENGER u.a.: *Einleitung in das Alte Testament.* Stuttgart [7]2008, S. 466.

Jes, Am, Mi, Nah, Hab, Ob), was deren schriftliche Dokumentation voraussetzt.

Zum Text

Die griechische (G) und hebräische Textfassung (H) unterscheiden sich in Aufbau (H hat die Völkerorakel am Ende, G in der Mitte: jeweils unterschiedliche Anordnung der Völker) und Umfang (H-Fassung ist 1/7 länger). In der hebräischen Fassung gibt es keine bewusste Endkomposition.

Der Aufbau der H-Fassung ist auf den ersten Blick ein klarer Aufbau nach dem Schema Poesie-Prosa, auf den zweiten Blick aber kommen in den Hauptteilen unterschiedliche Textgattungen vor.

Die Einleitung in Jer 1 ist der rote Faden, der sich in vielen Geweben durch das ganze Buch zieht. Jeremia wird hier als der Völkerprophet vorgestellt, der die Fremdvölker als Gerichtsinstrumente und Zeugen des Urteils JHWHs und der Begnadigung Israels/Judas bezeichnet. Der Prophet als sprechendes Zeichen mit Zeichenhandlungen; Dominanz der Gerichtsankündigung, Heilsworte nur im Trostbuch Kap 30f; Bedrohung des Boten und JHWH als Richter.

Die Völkerorakel beinhalten u.a. die Neuakzentuierung Babels mit Nebukadnezzar als "Knecht JHWHs".[7] Das Buch Jeremia spart nicht mit Konflikttexten: Die Gegner Jeremias

---

[7] Probleme gibt es bei den Anspielungen und Zitaten, die Querverweise schaffen. Ein unvermitteltes Nebeneinander von Unheilsdrohung und Heilsansage erschwert eine klare Gliederung.

sind Propheten und Priester sowie Könige und mächtige Beamte, welche vom Propheten als korrupte Hirten bezeichnet werden und durch ihre Lebensführung zentrale Figuren in der Kritik und Anklage sind.[8] Die Erzählungen über Jeremia haben nicht genug innere Verbindungslinien, als dass man von einer Biographie sprechen kann. Trotzdem gibt es eine auffällige Häufung von Personennamen in den erzählenden Passagen, die für die ereignisnahe und bedeutende historische Information bürgen können: Schreiber Baruch ben Nerija (32,12-16; 36 und 45), Ahikam ben Schafan (26,24), Priester und Tempelaufseher Zefanja ben Maaseja (29,29) Ebed Melech (38,7-13).

Gliederung

1-25(G+H)	Sprüche und Reden gegen Israel und Juda	
	14-17.18-20	Zeichenhandlungen, Konfessionen[9], Verfolgung des Propheten
26-45/51	Erzählungen mit abschließendem Trostwort an Baruch	
	H: 26-29 / G: 33-36	Jeremias Leidensgeschichte I, Tempelrede und Auseinandersetzung mit „falschen Propheten"

---

[8] König Zidkija wird im Verlauf immer negativer bewertet.
[9] Vgl. dazu: N. ITTMANN: *Die Konfessionen Jeremias*. WMANT 54, Neukirchen-Vluyn 1981; A. R. DIAMOND: *The Confessions of Jeremiah in context. Scenes of Prophetic Drama*. JSOT.SS 45, Sheffield 1987; G. FISCHER: *Jeremia 1-25*. HThKAT, Freiburg 2005, bes. S. 406-407.

H: 30-31 / G: 37-38	„Trostbüchlein"
H: 32-33 / G: 39-40	Ackerkauf, Heilsworte
H: 30-31 / G: 37-38	„Trostbüchlein"
H: 36-44 / G: 43-51,30	Jeremias Leidensgeschichte II
H: 45 / G: 51,31-35	Heilsworte für Baruch
46-51(H)	Sprüche gegen die Fremdvölker (Völkerorakel)
52 (G+H)	Geschichtlicher Anhang

Schwerpunkte der Theologie[10]

Bei der Erfassung von Schwerpunkten einer Theologie bei Jeremia werfen die komplexe Entstehungsgeschichte sowie die zwei unterschiedlichen Fassungen mit je eigenem theologischen Profil Probleme auf.[11] Dennoch soll ein Versuch gestattet sein:

Die theologischen und ethischen Analysen sind teils originell, teils stereotyp formuliert, sehr häufig ist von fremden Göttern die Rede, das Fehlverhalten wird als Nachlaufen,

---

[10] Vgl. F.-J. BACKHAUS, I. MEYER: *Das Buch Jeremia*. In: E. ZENGER u.a.: *Einleitung in das Alte Testament*. Stuttgart ⁷2008, S. 472-477.

[11] Ausführlich dazu: H. J. STIPP: *Deuterojeremianische Konkordanz*. AT-SAT 63, St. Ottilien 1998.

Dienen, Opfern... charakterisiert. Die Kehrseite dieser Zuwendung zu anderen Göttern ist der Abfall von JHWH. Der theologische Grundgedanke, der sich immer wiederholt, ist der Tun-Ergehen-Zusammenhang. Es existiert eine enge Verbindung zwischen dem Verhalten Israels JHWH gegenüber und seinem Ergehen in dem ihm von JHWH geschenkten Land. Fällt Israel ab, droht JHWH mit dem Verlust des gelobten Landes und damit mit dem Ende der nationalen Eigenständigkeit.

Die Übergänge zwischen theologischen und ethischen Vorwürfen sind fließend. Wichtige Stichworte dabei sind: Lug, Trug, Verlogenheit. Die Götzen sind Trug, d.h. keine Lebenskraft ist in ihnen, auch Höhlenheiligtümer samt ihrem Kult stehen in Kontrast zu JHWH, der retten kann. Die Beziehung Mensch-JHWH muss ganzheitlich von der Befolgung seiner Weisungen geprägt sein. Deshalb verträgt sich seine Anwesenheit im Tempel nicht mit Stehlen, Morden, Ehebrechen, falsch Opfern, mit der Übertretung seiner Gebote. Nicht mehr das Recht JHWHs bestimmt eine auf Solidarität gründende Gesellschaftsordnung, sondern Täuschung, Betrug und Gewinn prägen – bei einer falsch verstandenen Tempelfrömmigkeit – als oberste Maximen die Gesellschaft. Adressaten der prophetischen Anklage sind vor allem Priester und Propheten: Sie werden nicht nur als verlogen, sondern insgesamt als moralisch verkommen hingestellt. In der Ankündigung von Heil und Unheil stellt Jeremia dem Volk die zu erwartenden Folgen des Fehlverhaltens vor Augen. „Daß Land, Stadt und Tempel Bestand bzw. Zukunft haben, wird von Gott nur unter der Bedingung garantiert, daß das Volk den im Dekalog (=Bundescharta) offenbarten Jahwewillen in das Leben umsetzt. Der Akzent liegt eindeutig auf den ethischen Geboten. Hierin stimmt Jeremia mit seinen Vorgängern (Amos, Hosea, Jesaja, Micha) überein."[12]

In manchen Worten scheint das Gericht unausweichlich (verdorbener Gürtel, volle Krüge...). An anderen Stellen wird aber auch von Heil gesprochen. JHWH will sein Volk nicht ganz vernichten, es gibt ein „Danach", eine Erwartungshoffnung auf die Zeit nach dem Gericht (Kap. 3). Im Zusammenhang von Heil und Unheil ist die Trostschrift besonders wichtig, da hier vom neuen Bund die Rede ist (Jer 31). Jeremia bietet mit seiner Botschaft von der Zeit nach dem Exil den Grundstein für die jüdische Identität in der Diaspora. In den hier besprochenen Visionen (Jer 1,11-16; 24,1-10) nimmt der Prophet wohl Wendungen von Amos auf.[13] JHWH selbst ist hierin der gerechte Richter, der dem Volk die verdiente Gerechtigkeit zuspricht.

---

[12] J. WEHRLE: *Jeremia – Leidenschaftlicher und leidgeprüfter Künder des Jahwewortes*. In: M. WEITLAUFF, P. NEUNER: *Für euch Bischof mit euch Christ*. FS für Card. Wetter, München 1998, S. 26.

[13] Vgl. A. SCHART: *Die Jeremiavisionen als Fortführung der Amosvisionen*. In: F. HARTENSTEIN u.a. (Hg.): *Schriftprophetie*. FS für J. Jeremias, Neukirchen-Vluyn 2004, S. 196-201; A. BEHRENS: *Prophetische Visionsschilderungen im Alten Testament. Sprachliche Eigenarten, Funktion und Geschichte einer Gattung*. AOAT 292, Münster 2002, S. 105-137.

Gott erfüllt sein Wort

Elisabeth Steffel

Text: Jeremia 1,11-16

1,11 Das Wort des Herrn erging an mich: Was siehst du, Jeremia? Ich antwortete: Einen Mandelzweig sehe ich.
12 Da sprach der Herr zu mir: Du hast richtig gesehen; denn ich wache über mein Wort und führe es aus.
13 Abermals erging an mich das Wort des Herrn: Was siehst du? Ich antwortete: Einen dampfenden Kessel sehe ich; sein Rand neigt sich von Norden her.
14 Da sprach der Herr zu mir: Von Norden her ergießt sich das Unheil über alle Bewohner des Landes.
15 Ja, ich rufe alle Stämme der Nordreiche – Spruch des Herrn –, damit sie kommen und ihre Richterstühle an den Toreingängen Jerusalems aufstellen, gegen all seine Mauern ringsum und gegen alle Städte von Juda.
16 Dann werde ich mein Urteil über sie sprechen und sie strafen für alles Böse, das sie getan haben, weil sie mich verlassen, anderen Göttern geopfert und das Werk ihrer eigenen Hände angebetet haben.

Vergegenwärtigung

Es gleicht einem Frage – Antwort – Spiel, wie wir es aus unzähligen Ratespielen im Fernsehen kennen.

Frage – richtige Antwort – Applaus – der Geldgewinn erhöht sich. Nächste Frage ...

Die Unterhaltung zwischen Gott und dem Propheten Jeremia im 1. Kapitel des Jeremia Buches scheint sich nach ähnlichem Muster abzuspielen.

Eine Frage – eine Antwort. Gott ist zufrieden mit der Antwort. Er bestätigt sie.

Und doch ist es hier weit mehr als ein heiteres Ratespiel, und auch der Gewinn ist ein anderer.

„Was siehst du, Jeremia?" fragt Gott den jungen Mann, den er kurze Zeit zuvor erst zum Propheten berufen hat. Man könnte diese Frage angesichts der Berufung auch entsprechend umformulieren: „Was beschäftigt dich hinsichtlich deiner neuen Aufgabe? Welche Vision hast du?"

Wer auf diese Frage eine kritische Gesellschaftsanalyse erwartet hat, wird enttäuscht (sein).

Jeremia antwortet lediglich: „Ich sehe einen Mandelzweig!" und bringt damit etwas ganz Alltägliches zur Sprache – einen Mandelzweig, der blüht, wenn nach dem Winter sonst alles kahl ist und noch Schnee liegt. Und jeder weiß sofort, was eigentlich hinter seiner Aussage steckt – eine Vision vom kommenden Frühling, vom Wachstum, vom neuen Leben. Jeremias Vision erhält letztlich ihren Sinn durch die Reaktion Gottes: „Du hast richtig gesehen, denn ich wache über mein Wort und führe es aus." Ein Wortspiel steckt in diesem Gespräch zwischen diesen beiden, das im Hebräischen sichtbar und hörbar ist. Die zwei ähnlich klingenden Begriffe „schaked" für Mandelzweig und „schakad" für wachen machen deutlich, dass Gott im Symbol des Mandelzweigs über seine Schöpfung und damit auch über seinen

Propheten wacht und ihn mit seiner Aufgabe nicht allein lässt.

Und dann fragt Gott noch mal: „Was siehst du?" Und wieder greift Jeremia etwas Alltägliches, etwas Naheliegendes heraus: „Ich sehe einen siedenden Topf, dessen Oberfläche von Norden her geneigt ist." Für einen neutralen Beobachter ist das eigentlich ohne Belang. Vielleicht fragt er sich, was denn daran eine Vision sein soll, dass ein Topf wegen der Unebenheit der Feuerstelle schräg steht und der Inhalt in diese Richtung überzukochen droht. Doch auch hier wird ein alltägliches Geschehen zum Gleichnis. Der Anblick des Kessels macht deutlich, dass Gott die Königreiche des Nordens herbeirufen wird, um Unheil über das Volk Israel zu bringen. Dabei geht es nicht so sehr darum, wer dieser Feind sein wird, sondern um den Umstand, dass das Bundesvolk seine Beziehung zu JHWH und den Dekalog gebrochen hat.

Eine solche Deutung kann Jeremia nicht unberührt lassen, muss er doch im Untergang seines Volkes JHWH am Werk sehen, denselben, der Israel aus Ägypten geführt hat. Und diese Nachricht hat er als Prophet zu überbringen. Eine unliebsame Aufgabe und doch so notwendig, wenn sich etwas verändern soll.

Frage, Antwort, Bestätigung der Antwort und Deutung – was zwischen Jeremia und Gott so einfach klingt, lässt sich für uns oft nicht so leicht realisieren bzw. wir lassen uns oft gar nicht darauf ein. Wie oft schwingt in unserem Sehen bereits eine Deutung mit! Wie wenig gelingt es uns häufig, eine Situation ganz nüchtern zu betrachten, sie ohne bereits vorgefertigte Meinungen und mit vermeintlich gut gemeinten Lösungsvorschlägen zu überfrachten!

„Ich sehe einen Mandelzweig", sagt Jeremia. Das ist ein erster wichtiger Schritt vor allem dann, wenn wir in neuen, vielleicht auch noch völlig undurchsichtigen Lebenssituationen stecken oder wenn uns durch Konflikte der Blick verstellt ist. Zuerst innehalten, wahrnehmen, nicht gleich eine Lösung parat haben. Dann treffe ich keine vorschnellen Entscheidungen oder Urteile, dann wähle ich meine Worte mit Bedacht.

Ich merke eventuell auch, was die Menschen in meiner Nähe mir mitteilen wollen. Dann sehe ich in dem überschäumenden Milchtopf meiner Schwägerin plötzlich ihre Überforderung mit der Pflege ihrer schwerkranken Mutter, dann sehe ich im zaghaften Gruß den ersten Trieb eines Versöhnungsangebots des Nachbarn von gegenüber.

Damit sind wir bereits mitten im zweiten Schritt. Das Gesehene versuche ich zu erschließen, aber nicht, um es mir passend hinzurichten, sondern um zu erkennen, dass diese Zeichen weit über das vordergründig Sichtbare hinausweisen. Und daraus dann drittens eine Vision zu entwickeln, zu erkennen, was dran ist. Die Zukunft denken, wo wir nicht an gewohnten, althergebrachten Strukturen festhalten, sondern eher danach schauen, wie ich im Wandel ich selbst bleibe und dennoch Veränderungen herbeizuführen kann: die Vision, dass in der Familie eine friedliche Zukunft möglich ist, eine Vision, dass Menschen, die sich für andere einsetzen, erste Blüten eines Erfolges sehen.

Da kann ich nicht mehr sagen, wie es Jeremia zu Beginn doch irgendwie auch verständlicherweise tut: „Ich bin noch so jung", um sich dadurch nicht der Verantwortung stellen zu müssen. Für uns würden die Argumente in einer vergleichbaren Situation vielleicht lauten: Ich habe so viel zu tun, ich kann doch da eh nichts tun.

„Was siehst du?" Diese Frage bekam vielleicht auch der jüdische Schriftsteller Schalom Ben-Chorin gestellt, als sich in Deutschland die Vernichtung seines Volkes immer mehr abzeichnete. Schalom Ben–Chorin greift im Jahr 1942 auf eindrucksvolle Weise diesen Gedanken auf, wenn er ein Gedicht mit dem Titel: „Das Zeichen" schreibt:

> „Freunde, dass der Mandelzweig wieder blüht und treibt,
> ist das nicht ein Fingerzeig, dass die Liebe bleibt?
> Dass das Leben nicht verging, so viel Blut auch schreit,
> achtet dieses nicht gering in der trübsten Zeit.
> Tausende zerstampft der Krieg, eine Welt vergeht.
> Doch des Lebens Blütensieg leicht im Winde weht.
> Freunde, dass der Mandelzweig sich in Blüten wiegt,
> das bleibt mir ein Fingerzeig für des Lebens Sieg."

Ein mutmachendes Lied – immer dann, wenn die Welt oder auch meine kleine Welt um mich herum an einem toten Punkt angekommen zu sein scheint, wenn es scheinbar keine Hoffnung und keinen Ausweg mehr gibt. Da kommt für uns Gott ins Spiel, der eben auch von diesem toten Punkt her spricht. Durch den toten Punkt, durch das Kreuz seines Sohnes hindurch beginnt etwas ganz Neues. Das Zeichen des Kreuzes wird so zu einem Zeichen für das Leben.

„Was siehst du?" „Ich sehe..." Dass ich mich immer wieder auf dieses Frage-Antwort-Spiel einlasse, in den Zeichen entdecke, was dahintersteckt und daraus handle, auch wenn es nicht immer bequem und einfach ist, das können uns diese beiden Visionen des Jeremia zeigen. Und hoffentlich entdecken wir dann auch immer darin den „Fingerzeig Gottes für des Lebens Sieg". Das wäre für uns der größte Gewinn.

Die Feigenkörbe

Ingrid Orlowski

Text: Jeremia 24,1-10

24,1 Der Herr ließ mich schauen: Da standen zwei Körbe mit Feigen vor dem Tempel des Herrn. Dies geschah, nachdem Nebukadnezzar, der König von Babel, Jojachin, den Sohn Jojakims, den König von Juda, sowie die Großen von Juda samt den Schmieden und Schlossern aus Jerusalem weggeführt und nach Babel gebracht hatte.
2 In dem einen Korb waren sehr gute Feigen, wie Frühfeigen, im andern Korb sehr schlechte Feigen, so schlecht, dass sie ungenießbar waren.
3 Der Herr fragte mich: Was siehst du, Jeremia? Feigen, antwortete ich. Die guten Feigen sind sehr gut, die schlechten aber sehr schlecht, so schlecht, dass sie ungenießbar sind.
4 Nun erging an mich das Wort des Herrn:
5 So spricht der Herr, der Gott Israels: Wie auf diese guten Feigen, so schaue ich liebevoll auf die Verschleppten aus Juda, die ich von diesem Ort vertrieben habe ins Land der Chaldäer.
6 Ich richte meine Augen liebevoll auf sie und lasse sie in dieses Land heimkehren. Ich will sie aufbauen, nicht niederreißen, einpflanzen, nicht ausreißen.
7 Ich gebe ihnen ein Herz, damit sie erkennen, dass ich der Herr bin. Sie werden mein Volk sein, und ich werde ihr Gott sein; denn sie werden mit ganzem Herzen zu mir umkehren.
8 Aber wie mit den schlechten Feigen, die so schlecht sind, dass sie ungenießbar sind, [ja, so spricht der Herr] so verfahre ich mit Zidkija, dem König von Juda, mit seinen Großen und dem Rest Jerusalems, mit

denen, die in diesem Land übriggeblieben sind, und denen, die sich in Ägypten niedergelassen haben.
9 Ich mache sie zu einem Bild des Schreckens für alle Reiche der Erde, zum Schimpf und Gespött, zum Hohn und zum Fluch an allen Orten, an die ich sie verstoße.
10 Ich sende unter sie Schwert, Hunger und Pest, bis sie ganz ausgerottet sind aus dem Land, das ich ihnen und ihren Vätern gegeben habe.

Vergegenwärtigung

Gott selbst erfüllt sich seinen größten Traum:

> Ich gebe ihnen ein Herz, damit sie erkennen, dass ich der Herr bin. Sie werden mein Volk sein und ich werde ihr Gott sein; denn sie werden mit ganzem Herzen zu mir umkehren. (24,7)

In zahllosen Variationen und doch immer wieder gleich drückt Gott seine größte Sehnsucht aus: Er möchte erkannt werden. Dieser Selbstausdruck der Sehnsucht Gottes ist eingepackt in eine Historie. Und die politische und moralische Situation des Volkes Israel erscheint in der Vision von den Feigenkörben als extrem schwarz-weiß gemalt. Ob das den angesprochenen Menschengruppen wirklich gerecht wird? Auf der wörtlichen Ebene des Textes wirkt Gott wie ein in Bausch und Bogen Urteilender. Hier die Guten, dort die Schlechten, nirgendwo ist eine Mischung, eine Relativität in Betracht gezogen. Ein solcher Gott wird von differenziert denkenden Menschen als ungerecht empfunden.

Vielleicht geht es gar nicht um die Historie und um bestimmte Volksgruppen. Vielleicht ist die angedeutete politische Situation selbst das Gleichnis und es geht um Früchte, um zwei Körbe von Früchten, die in unmittelbarer Nähe des Tempels abgestellt sind. Es ist eine Endzeitgeschichte. Vor dem Tempel, sprich: im Angesicht Gottes, zeigt sich, welche Art von Frucht der einzelne Mensch gerade ist. Bei dem Kriterium, das Gott in den Mund gelegt wird, kann es keine Schattierungen geben, entweder ein Mensch lebt gottzugewandt und hat im Sinne des Textes ein Herz oder er lebt gottabgewandt, gleichsam ohne Herz. Und ohne dieses Herz gibt es keine Erkenntnis Gottes. Im Bild der Historie sind die Verschleppten diejenigen, denen die Gottzugewandtheit zugesprochen wird. Sie haben nichts mehr, woran sie ihr Herz hängen können, und ihre Lebensgewohnheiten sind unterbrochen. Was auf der Ebene dieser Welt als Katastrophe erscheint, das kann auf dem geistlichen Weg eines Menschen die entscheidende Wende bewirken. Mit Menschen, die völlig aus der Bahn geworfen sind, lässt sich etwas Neues beginnen. Der Text nennt die neue Lebensmöglichkeit „ein Herz haben". Ein Herz hat der Mensch, wenn er sich ganz und gar Gott zuwendet. Und das Herz ist das Organ, mit dem der Mensch sich Gott nähern, ihn erkennen kann. Der Intellekt kommt nur bis in den Vorhof, denn Gott ist keine Theorie, sondern eine lebendige Wirklichkeit. Diese Wirklichkeit offenbart sich personal, und deshalb ist eine Annäherung nur über Beziehung möglich. Gott selbst werden Worte einer personalen Beziehungssprache in den Mund gelegt. Er blickt „liebevoll" auf die Menschen in der Katastrophe, und es entbehrt nicht der sinnlichen Komponente, wenn sie mit köstlichen Früchten, mit süßen Feigen, entsprechend der erotischen Sprache der damaligen Zeit, verglichen werden.

Da irritiert es auf den ersten Blick, wenn im gleichen Atemzug erwähnt wird, dass Gott selbst die betroffenen Menschen in die Katastrophe geführt hat. Dieses Motiv des buhlenden Gottes, der seine geliebten Menschen völlig ins Abseits drängt, damit ihnen nur noch diese eine Möglichkeit bleibt, sich ihm zuzuwenden, kennen wir am deutlichsten ausgearbeitet aus Hosea.

An dieser Stelle wird die Katastrophe als Hoffnungsbild gemalt. Sie erscheint als die Voraussetzung dafür, dass Gott sein Volk aufbauen und heimführen kann.

Es könnte diese Heimkehr sehr wohl auch eschatologisch verstanden werden. Das „gelobte Land" ist möglicherweise nicht nur eine geographische Größe, sondern eine Chiffre für einen Zustand. Im „gelobten Land" befindet sich der Mensch, der innerlich heimgefunden hat zu seiner Bestimmung als Kind Gottes. Er lebt sein Leben, wenn er angekommen ist, in größtmöglicher Gottverbundenheit. Dann ist Gottes Geschichte mit dem Menschen am Ziel: „Sie werden mein Volk sein und ich werde ihr Gott sein." (V. 7) Der Mensch selbst versteht sich als Eigentum Gottes, entkleidet sich an einem Punkt seiner persönlichen Geschichte der Selbstmächtigkeit und überantwortet sich der „Königsherrschaft Gottes", um es mit Worten Jesu auszudrücken.

In dieser Vision und erklärenden Audition spiegelt sich im Grunde die Reifungsgeschichte eines jeden Menschen, wenn sie gelingt. Und Gott will, dass sie gelingt! Der Mensch entfaltet ein Ich, mit dem er sich in dieser Welt bewährt, dabei auch verstrickt und dann oftmals durch eine Lebensenge muss, um sich neu zu orientieren, um der bis dahin unbewussten oder verschütteten Sehnsucht nach Gott Raum zu geben. Diese Sehnsucht erscheint in dem Text als Sehnsucht Gottes nach dem Menschen.

Was ist das für ein Gott, der um die Zugewandtheit seiner Geschöpfe buhlt?

Was ist das für ein Gott, dessen Gott-Sein sich erst erfüllt, wenn die Menschen – seine Geschöpfe – ihn als ihren Gott erkennen und anerkennen?

III. Visionen im Buch Ezechiel

Einführung in das Buch Ezechiel

Der Prophet Ezechiel (dt. „es stärkte Gott") führt in seiner Person und in seiner Botschaft die Gerichtsprophetie vor dem babylonischen Exil zu einem Höhepunkt. In Ez 1,1-3,15 wird er als „Angehöriger jener Deportierten vorgestellt, die Nebukadnezar 597 v. Chr. aus Jerusalem nach Babylonien bringen ließ."[1] Nach dem endgültigen Untergang Judas 586 v. Chr. wird er zum Wegbegleiter eines neuen Volkes.[2] Er geht mit durch alle Höhen und Tiefen und macht seinem Namen alle Ehre: Gott stärkt diejenigen, die seine Kraft am nötigsten haben. Er ist ein Sohn des Priesters Busi, aus einer zadokidischer Jerusalemer Priesterfamilie. „Die Wirksamkeit Ezechiels hätte sich nach den im Buch enthaltenen chronologischen Angaben vom 5. Jahr (vgl. 1,2) bis zum 27. Jahr (vgl. 29,17) der Exilierten Jojachins erstreckt. In der Zeit von 594/3 (vgl. 1,2) bis zum Beginn der Belagerung Jerusalems am 15.1.588 (vgl. 24,1) hätte der Prophet in einer ersten Periode seiner Wirksamkeit Jerusalem und Juda das Gericht angesagt."[3]

---

[1] K.-F. POHLMANN: *Der Prophet Ezechiel. Kapitel 1-19.* ATD 22,1, Göttingen 1996, S. 39; W. ZIMMERLI: *Ezechiel.* BK XIII/1+2, Neukirchen-Vluyn ²1979; vgl. F.-L. HOSSFELD: *Das Buch Ezechiel.* In: E. ZENGER u.a.: *Einleitung in das Alte Testament.* Stuttgart ⁷2008, S. 489-506.

[2] Vgl. K.-F. POHLMANN: *Ezechiel. Der Stand der theologischen Diskussion.* Darmstadt 2008, S. 85-88.

[3] Vgl. K.-F. POHLMANN: *Ezechiel. Der Stand der theologischen Diskussion.* Darmstadt 2008, S. 21; ganz ähnlich M. GREENBERG: *Ezechiel 1-20.* HThKAT, Freiburg 2001, S. 24f.

Mit 30 Jahren (priesterliches Antrittsalter) wird er im Jahr der Deportation (594/3) in der Gola zum Propheten berufen. Der endgültige Fall Jerusalems bedeutet für ihn eine Wende auch in seiner Verkündigung. Bisher hat er die Gola und die Daheimgebliebenen kritisch begleitet, zunehmend aber auch das wiederkehrende Heil verkündet. Im Exil siedelt er am Kebarkanal bei Nippur mit seiner Familie. „Die große Vision vom neuen Tempel und der Neuorganisation des Landes in Ez 40-48 wäre nach 40,1 ins Jahr 574 zu datieren."[4] Dieses letzte Orakel wird von ihm am Ende seiner Zeit verkündigt. Entscheidend dabei sind für ihn die Rückkehr der Herrlichkeit JHWHs in einem neuen Tempel und die gefestigte staatliche Verfasstheit des Volkes.

Zum Text

Auch bei Ezechiel sind Unterschiede in der masoretischen (hebräische Textüberlieferung) und der griechischen Textüberlieferung vorhanden. Die derzeitige Textkritik favorisiert den masoretischen Text (MT). Das Buch Ezechiel fällt einerseits durch einen einheitlichen Stil auf, der für einen geschlossenen Gesamteindruck sorgt, andererseits gibt es doch viele redaktionelle Überarbeitungen und sekundäre Einfügungen. So ist z.B. die Fremdvölkerverkündigung in Ez 25-32 wohl weitgehend sekundär, doch lässt sich der genaue

---

[4] Vgl. K.-F. POHLMANN: *Ezechiel. Der Stand der theologischen Diskussion.* Darmstadt 2008, S. 21. Greenberg verlegt das letzte Orakel aus 40,1 ins Jahr 573: M. GREENBERG: *Ezechiel 1-20.* HThKAT, Freiburg 2001, S. 25.

ursprüngliche Textbestand nach der redaktionellen Arbeit nicht mehr sicher rekonstruieren.[5] Die Zweitberufung des Wächterpropheten (Ez 33) ist redaktionell zusammengefasst und wurde wahrscheinlich in die Berufungsvision am Anfang (Ez 3) eingetragen.[6]

Das Buch Ezechiel weist ein dreigliedriges eschatologisches Schema auf:

a) Unheilsworte gegen das eigene Volk
b) Unheilsworte gegen fremde Völker
c) Heilsworte für das eigene Volk.

Die entsprechenden Zeichenhandlungen, Visionen und Fakten durchziehen die Schrift. Weitere Indizien für diese Beobachtung sind:

Die ganze Schrift ist ein lückenloser „Ich-Bericht" des Propheten mit zwei Ausnahmen (1,3; 24,24).[7] Dabei fehlen Fremdberichte völlig. JHWH spricht und handelt ununterbrochen, deshalb kommt Ezechiel als Prophet persönlich nicht oft zu Wort. Die dabei verwendeten Formeln kann man wie folgt gliedern:

---

[5] Vgl. K.-F. POHLMANN: *Der Prophet Ezechiel. Kapitel 20-48.* ATD 22,2, Göttingen 2001, S. 365-368.

[6] M. GREENBERG: *Ezechiel 21-37.* HThKAT, Freiburg 2005, S. 363f.

[7] R. MOSIS: *Das Buch Ezechiel. Kap. 1,1-20,44.* Geistliche Schriftlesung 8/1, Düsseldorf 1978, S. 21

Wortereignisformel:	„Das Wort JHWHs erging an mich" (52mal)
Wortbekräftigungsformel:	„denn ich habe gesprochen, ich JHWH habe gesprochen"
Botenformel:	„So spricht der Herr JHWH"
Herausforderungsformel:	„siehe, ich bin gegen dich"
Gottesspruchformel:	„Spruch des Herrn JHWH"
Erkenntnisformel:	„erkenne, dass ich JHWH bin"

Im Text haben die Berufungs- und Visionsberichte eine tragende Rolle.[8] Der prophetische Ich-Bericht wird geprägt durch 14 Datierungen und verleiht dem Bericht den Charakter einer Biographie.[9]

Im Buch Ezechiel unterscheidet man zwei Phasen der Verkündigung: die Unheilsverkündigung und die Heilsverkündigung.

Diese zwei Phasen der Verkündigung werden durch eine Reihe gezielter Entsprechungen bestätigt: Die Berufungsvi-

---

[8] Vgl. D. VIEWEGER: *Die Spezifik der Berufungsberichte Jeremias und Ezechiels im Umfeld ähnlicher Einheiten des Alten Testaments*. Beiträge zur Erforschung des Alten Testaments und des Antiken Judentums. Band 6, Frankfurt/M. 1986; A. BEHRENS: *Prophetische Visionsschilderungen im Alten Testament. Sprachliche Eigenarten, Funktion und Geschichte einer Gattung*. AOAT 292, Münster 2002, S. 183-271.

[9] Vgl. K.-F. POHLMANN: *Der Prophet Ezechiel. Kapitel 1-19*. ATD 22,1, Göttingen 1996, S. 21.28.

sion (Ez 1-3) macht Ezechiel zum Gerichtspropheten für ganz Israel, insbesondere Jerusalem. Ihr entspricht in der zweiten Phase die Ernennung zum Umkehrrufer und Wächterpropheten vor allem gegenüber den Verschleppten (33,1-20). Es gibt für die einzelnen Unheilsvisionen auch entsprechend Heilsvisionen (z.B. die Herrlichkeit JHWHs verlässt den Tempel – kehrt wieder; Israels Knochen im Gericht – Auferstehung der Knochen). In die Zwei-Phasen-Struktur der Unheils- und Heilsverkündigung fügt Ezechiel eine Dreiteilung (1-24; 25-32; 33-39.40-48) ein.

Bevorzugte Textsorten im Buch Ezechiel sind:

(1) Visionsberichte, (2) Zeichenhandlungen, (3) Disputationsworte, (4) Bildreden

Gliederung[10]

1-24: Gerichtsverkündigung über Israel

    1-3: Vision (Berufung und Sendung) und Zeichenhandlungen

    4-7: Zeichenhandlungen und Gerichtsworte über die Berge und das Land Israels

    8-11: Erste Tempelvision

    12-24: Zusammenstellung von Gerichtsansagen über Israel/Jerusalem, gerahmt durch Zeichenhandlungen zum Schicksal Jerusalems

---

[10] Vgl. K.-F. POHLMANN: *Der Prophet Ezechiel. Kapitel 1-19.* ATD 22,1, Göttingen 1996, S. 18f.

25-32: Sammlung von Worten gegen 7 Fremdvölker (Ammon, Moab, Edom, Philistäa, Tyrus, Sidon, Ägypten)

33-39: Die Heilsankündigung

40-48: Die Vision vom Neuen Tempel (der sog. Verfassungsentwurf)

Schwerpunkte der Theologie[11]

1. Selbstverständnis der Prophetie: Ezechiel übernimmt das Erbe seiner Vorgänger Amos und Jeremia (Gerichtsprediger, Heilsverkünder, Visionär, Fürbitter, Dichter und Kritiker), aber auch Elemente von Elija und Elischa (ekstatische Erfahrungen, Weissager, Vorausverkünder), was seine Prophetie an das Zeitgeschehen bindet. Andererseits wird er zum Umkehrprediger und Wächter des Einzelnen, der in Solidarität für den ihm Anbefohlenen in die Bresche springt und sogar fremde Schuld trägt.

2. Ezechiel als herausragender Theologe: JHWH allein ist Gott, der Rest ist Götzendienst (andere Götter sind Götzen und Scheusale). Alles geht von JHWH aus. JHWH ist Schöpfer und Lenker universaler Geschichte. Vom Inhalt her spielen das 1. und das 2. Gebot in den Gerichtsbegründungen eine tragende Rolle.

3. Reflexion über die Auswirkung menschlicher Schuld: Das Ausmaß des momentanen Gerichts macht das Bedenken der

---

[11] Vgl. F.-L. HOSSFELD: *Das Buch Ezechiel.* In: E. ZENGER u.a.: *Einleitung in das Alte Testament.* Stuttgart ⁷2008, S. 504-506.

Schuld vom Ursprung her nötig. Da niemand unschuldig ist, wird das Tun der Gerechtigkeit jedes Menschen betont und angemahnt. Das Angebot der Umkehr zu JHWH wird hervorgehoben, denn Gott hat keinen Gefallen am Tod des Schuldigen.

4. Priesterliche Theologie: Die Integration des Sakralrechts, das Geschichtsinteresse und die Betonung der Einheit in JHWH zeichnen Ezechiel als priesterlichen Theologen aus. Der Tempel und seine Einrichtungen rücken ins Zentrum des Interesses: Die Heiligkeitsvorstellung und kultische Überlieferung rücken in den Blickpunkt. Die Herrlichkeit JHWHs verlässt den unrein gewordenen heiligen Bereich und kehrt erst in den neuen Tempel wieder ein. Das Ziel Ezechiels ist hierbei die Heiligung des göttlichen Namens.

Die vier Lebewesen

Christoph Keller

Text: Ezechiel 1,1-28

1,1 Am fünften Tag des vierten Monats im dreißigsten Jahr, als ich unter den Verschleppten am Fluss Kebar lebte, öffnete sich der Himmel, und ich sah eine Erscheinung Gottes.
2 Am fünften Tag des Monats – es war im fünften Jahr nach der Verschleppung des Königs Jojachin –
3 erging das Wort des Herrn an Ezechiel, den Sohn Busis, den Priester, im Land der Chaldäer, am Fluss Kebar. Dort kam die Hand des Herrn über ihn.
4 Ich sah: Ein Sturmwind kam von Norden, eine große Wolke mit flackerndem Feuer, umgeben von einem hellen Schein. Aus dem Feuer strahlte es wie glänzendes Gold.
5 Mitten darin erschien etwas wie vier Lebewesen. Und das war ihre Gestalt: Sie sahen aus wie Menschen.
6 Jedes der Lebewesen hatte vier Gesichter und vier Flügel.
7 Ihre Beine waren gerade und ihre Füße wie die Füße eines Stieres; sie glänzten wie glatte und blinkende Bronze.
8 Unter den Flügeln an ihren vier Seiten hatten sie Menschenhände. [Auch Gesichter und Flügel hatten die vier.]
9 Ihre Flügel berührten einander. Die Lebewesen änderten beim Gehen ihre Richtung nicht: Jedes ging in die Richtung, in die eines seiner Gesichter wies.
10 Und ihre Gesichter sahen so aus: Ein Menschengesicht (blickte bei allen vier nach vorn), ein Löwengesicht bei allen vier nach rechts, ein Stierge-

sicht bei allen vier nach links und ein Adlergesicht bei allen vier (nach hinten).
11 Ihre Flügel waren nach oben ausgespannt. Mit zwei Flügeln berührten sie einander, und mit zwei bedeckten sie ihren Leib.
12 Jedes Lebewesen ging in die Richtung, in die eines seiner Gesichter wies. Sie gingen, wohin der Geist sie trieb, und änderten beim Gehen ihre Richtung nicht.
13 Zwischen den Lebewesen war etwas zu sehen wie glühende Kohlen, etwas wie Fackeln, die zwischen den Lebewesen hin- und herzuckten. Das Feuer gab einen hellen Schein, und aus dem Feuer zuckten Blitze.
14 Die Lebewesen liefen vor und zurück, und es sah aus wie Blitze.
15 Ich schaute auf die Lebewesen: Neben jedem der vier sah ich ein Rad auf dem Boden.
16 Die Räder sahen aus, als seien sie aus Chrysolith gemacht. Alle vier Räder hatten die gleiche Gestalt. Sie waren so gemacht, dass es aussah, als laufe ein Rad mitten im andern.
17 Sie konnten nach allen vier Seiten laufen und änderten beim Laufen ihre Richtung nicht.
18 Ihre Felgen waren so hoch, dass ich erschrak; sie waren voll Augen, ringsum bei allen vier Rädern.
19 Gingen die Lebewesen, dann liefen die Räder an ihrer Seite mit. Hoben sich die Lebewesen vom Boden, dann hoben sich auch die Räder.
20 Sie liefen, wohin der Geist sie trieb. Die Räder hoben sich zugleich mit ihnen; denn der Geist der Lebewesen war in den Rädern.
21 Gingen die Lebewesen, dann liefen auch die Räder; blieben jene stehen, dann standen auch sie still. Hoben sich jene vom Boden, dann hoben sich die Räder zugleich mit ihnen; denn der Geist der Lebewesen war in den Rädern.

Die vier Lebewesen (Ezechiel 1,1-28)

22 Über den Köpfen der Lebewesen war etwas wie eine gehämmerte Platte befestigt, furchtbar anzusehen, wie ein strahlender Kristall, oben über ihren Köpfen.
23 Unter der Platte waren ihre Flügel ausgespannt, einer zum andern hin. Mit zwei Flügeln bedeckte jedes Lebewesen seinen Leib.
24 Ich hörte das Rauschen ihrer Flügel; es war wie das Rauschen gewaltiger Wassermassen, wie die Stimme des Allmächtigen. Wenn sie gingen, glich das tosende Rauschen dem Lärm eines Heerlagers. Wenn sie standen, ließen sie ihre Flügel herabhängen.
25 Ein Rauschen war auch oberhalb der Platte, die über ihren Köpfen war. Wenn sie standen, ließen sie ihre Flügel herabhängen.
26 Oberhalb der Platte über ihren Köpfen war etwas, das wie Saphir aussah und einem Thron glich. Auf dem, was einem Thron glich, saß eine Gestalt, die wie ein Mensch aussah.
27 Oberhalb von dem, was wie seine Hüften aussah, sah ich etwas wie glänzendes Gold in einem Feuerkranz. Unterhalb von dem, was wie seine Hüften aussah, sah ich etwas wie Feuer und ringsum einen hellen Schein.
28 Wie der Anblick des Regenbogens, der sich an einem Regentag in den Wolken zeigt, so war der helle Schein ringsum. So etwa sah die Herrlichkeit des Herrn aus. Als ich diese Erscheinung sah, fiel ich nieder auf mein Gesicht. Und ich hörte, wie jemand redete.

Vergegenwärtigung

Was sind das doch für phantastische Gestalten, diese Kerubim! Ist Ezechiel so etwas wie der Picasso oder der Dali des Alten Testaments? Zweifellos sah er das alles vor sich, was er da beschreibt; dennoch handelt es sich um eine Imagination: das Bild war in seinem Kopf, nicht an der Wand. Es war ihm, sagt Ezechiel, als kämen diese Bilder auf ihn zu. Sie drängten sich ihm auf, wie unseren Künstlern Bilder kommen zu bestimmten Themen, Bilder, die sie dann loswerden und auf die Leinwand bringen müssen. Eingebungen sind es letztlich, hier wie dort.

Gott hat offensichtlich Ezechiel eines Tages mit diesem Bild konfrontiert, weil er in ihm und in allen, die seine Aufzeichnungen des Bildes betrachten würden, etwas auslösen wollte. Und das wird nur dann ausgelöst, wenn man in das Bild eindringt und es nicht als ein antikes science-fiction-Produkt abtut.

Das Bild, vor dem wir stehen, ist ähnlich dem, das sich dem Betrachter heutzutage bei einem großen Pop-Konzert bietet. Es sind wahre Lichtorgien, die sich über den ganzen Raum ergießen. Die vier Lebewesen, diese Kerubim, sind in Fluten von Licht getaucht, zuckende Blitze umspielen sie pausenlos. Scheinwerfer sind da, die wie in einer Disco ihr Licht überallhin tanzen lassen. Nur dass, wie Ezechiel sagt, die Lichtquelle inmitten der Lebewesen war, nicht etwa von außen sie anstrahlte, sondern in Kavalkaden von Blitzen aus ihnen hervorbrach.

Zu den Häuptern der vier Lebewesen sieht Ezechiel auf einer großen Plattform so etwas wie einen Thron, auf dem eine Gestalt sitzt, die offensichtlich der Ausgangspunkt der Lichtflut ist, eine Gestalt, nicht nur voll Feuer, sondern aus Feuer, das nirgendwoher gespeist wird, aber selber alles speist, was da leuchtet, lodert, funkelt und blitzt.

Ezechiel ist sofort klar, was er da sieht: Das ist Gott in seiner Herrlichkeit. Es ist das einzige vertretbare Bild, das wir uns von Gott machen dürfen: Ein Wesen, aus dem das Licht kommt, das alles bestrahlt, und die Energie, die alles bewegt. So soll Ezechiel, so soll der Mensch sich Gott vorstellen. Und dieses Bild widerstreitet nicht dem Gebot: Du sollst dir kein Bild von Gott machen, sondern begründet es, denn was die alten Heidenvölker sich an Götterbildern schnitzten und auch, was viele moderne Menschen sich unter Gott vorstellen, ist so daneben, dass es verboten gehört. Gott ist allenfalls so zu beschreiben, wie er sich Ezechiel gegenüber darstellt: als ein grandioses Licht, das freilich nicht auf sich konzentriert bleibt, sondern sich nach allen Seiten mitteilt.

Von dieser Mitteilung göttlicher Potenzen leben die Kerubim, die „vier Lebewesen", wie Ezechiel sie nennt. Er weiß nicht, wie er sie sonst nennen soll, diese Gestalten, die Mischlinge aus Mensch und Tier sind, die Flügel haben und vier Gesichter. Picasso und Dali hätten vielleicht Saurier gemalt mit Adlerflügeln, Menschenantlitz und Stierfüßen.

Jedes Detail an diesen bizarren Gestalten hat einen Sinn. Man soll nicht so tun, als sei hier die Lust am Fabulieren mit jemand durchgegangen, wo doch in Wirklichkeit jeder Einzelzug eine Aussage machen will.

Figuren dieser Art gab es nämlich zu Zeiten des Alten Bundes als Thronträger für Götterstatuen und als Palastwächter an Königshöfen. Ezechiel sieht solche Figuren, wie sie damals die Menschen in natura vor Augen hatten, interessanterweise im Zusammenhang mit der Ausstrahlung Gottes, aber er sieht sie in wesentlichen Zügen verfremdet. Wer oder was ist mit diesen Lebewesen gemeint?

Erstens sind es vier, weil es vier Himmelsrichtungen gibt und jedes von ihnen in eine andere Himmelsrichtung geht. Das, wofür sie stehen, geht also nicht nur in eine Richtung, sondern in alle Richtungen.

Zweitens ändern sie nie ihre Richtung. Sie müssen also nie umkehren, nie den Kurs korrigieren, nie etwas ausweichen. Das hebt sie ab von allem anderen, was in Raum und Zeit unterwegs ist.

Drittens ist das, was sie treibt, der Geist. Das heißt: Sie gehen nicht auf eigene Faust, sondern auf höheren Willen hin; ihr Motor ist der Wille Gottes.

Viertens hat jedes von diesen vier Lebewesen vier Gesichter, und zwar jedes dieselben vier Gesichter: ein Menschen-, ein Löwen-, ein Stier- und ein Adlergesicht. Sie haben also mit verschiedenen Augen dasselbe im Blick – diese Eigenschaft übrigens hat es ausgemacht, dass man den vier Evangelisten diese vier Gesichter als Symbole beigegeben hat, weil auch sie mit verschiedenen Augen ein und denselben Christus im Blick haben – und es sind Wesen, in denen die Intelligenz des Menschen, der Mut des Löwen, die Kraft des Stiers und der Weitblick des Adlers vereinigt sind. Gerne darf man sich etwas dabei denken, dass das Gesicht einer Schlange nicht dabei ist, die für Hinterhältigkeit stünde, nicht das Gesicht eines Hasen, der für Ängstlichkeit stünde, und nicht das Gesicht eines Krokodils, das für Gefräßigkeit stünde.

Wer ist mit diesen Lebewesen gemeint? Auf wen trifft das zu, was hier in Bildersprache ausgedrückt ist?

Es sind jene Mächte und Gewalten, die die Absichten Gottes unablässig in alle Himmelsrichtungen transportieren. Sie tragen als geistige Strömungen, als Geschichtsfaktenauslöser, als Herzensregungen, als Gedankenblitze die Intentionen Gottes in Raum und Zeit hinein. Dimensionen, die ihnen unzugänglich sind, gibt es nicht. Sie sind viel zu stark, als dass sie vor etwas einen Rückzieher machen müssten, viel zu intelligent, als dass sie ihr Ziel verfehlen, viel zu gotteshaltig, als dass sie sich Eigenmächtigkeiten herausnehmen würden.

In diesem Bild haben wir die Antwort auf die Frage vor uns, ob es unterhalb der Ebene Gottes, aber noch oberhalb der Welt Wesen gibt. Es gibt sie, sofern man damit diese Gottesaggregate meint, die von Seinem Geist getrieben, mit Ihm aufgeladenen Träger Seines Willens, alle die Einstrahlungen und Einwirkungen, durch die Er in Raum und Zeit agiert.

Gott ist in unendlicher Ferne, in un-endlicher, nicht mehr endlicher Geistigkeit und Herrlichkeit. Aber das ist nicht alles. Er wendet sich dem Geschehen in der Welt ständig mit Impulsen zu, die wie Stromstöße, wie Energien sind. Dadurch überwindet er jegliche Distanz und ist uns ganz nahe. So fern er auch ist, es gibt nichts, was er nicht durch Lebens-„Äußerungen" bewegen könnte. Die entlegensten Vorgänge kann er fernsteuern – die Lebewesen sind die Steuerungssysteme. Kein Grund also für Ezechiel, dessen Volk im Exil am Resignieren ist, sich für von Gott verlassen zu halten, kein

Grund für uns, aus der Ferne Gottes zu schließen, dass er uns fern stünde.

Das will uns Gott mit dem Vier-Lebewesen-Bild, ganz offensichtlich einer Auftragsarbeit, von Ezechiel nur ausgeführt, wissen lassen.

Das undankbare Geschäft eines Propheten

Otto Wahl

Text: Ezechiel 2,8-3,3

2,8 Du aber, Menschensohn, höre, was ich zu dir sage. Sei nicht widerspenstig wie dieses widerspenstige Volk! Öffne deinen Mund, und iss, was ich dir gebe.
9 Und ich sah: Eine Hand war ausgestreckt zu mir; sie hielt eine Buchrolle.
10 Er rollte sie vor mir auf. Sie war innen und außen beschrieben, und auf ihr waren Klagen, Seufzer und Weherufe geschrieben.
3,1 Er sagte zu mir: Menschensohn, iss, was du vor dir hast. Iss diese Rolle! Dann geh, und rede zum Haus Israel!
2 Ich öffnete meinen Mund, und er ließ mich die Rolle essen.
3 Er sagte zu mir: Menschensohn, gib deinem Bauch zu essen, fülle dein Inneres mit dieser Rolle, die ich dir gebe. Ich aß sie, und sie wurde in meinem Mund süß wie Honig.

Vergegenwärtigung

Unter den bei der ersten Eroberung Jerusalems durch König Nebukadnezzar 597 nach Babylonien verschleppten Geiseln befand sich auch der junge Priester Ezechiel. Er hat wohl auch wie seine Leidensgenossen trotz der Übermacht des neubabylonischen Weltreichs im Vorderen Orient von einer baldigen Heimkehr in die ferne Heimat geträumt. Im fünften Jahr der Gefangenschaft jedoch „kam die Hand des

Herrn über ihn" (1,3). Dieser Eingriff Gottes, die Berufung Ezechiels zum Gerichtspropheten, veränderte schlagartig sein Leben. Die mächtige Erscheinung der Herrlichkeit Gottes überwältigte ihn und ließ ihn „auf sein Angesicht niederfallen" (1,26). Er hörte die Stimme Gottes: „Menschensohn, ich sende dich zu den abtrünnigen Söhnen Israels. Es sind Söhne mit trotzigem Gesicht und hartem Herzen" (2,3f). Jahwe, der Gott der Väter, mit dem die selbstsicheren Judäer fern von Jerusalem eigentlich gar nicht mehr rechneten und ihn daher auch nicht ernst nahmen, beruft im fremden Land aus ihrer Mitte den jungen Ezechiel zu seinem Sprecher. Gott gibt dem von der umwerfenden Vision seiner Herrlichkeit erschütterten jungen Priester den Auftrag: „Geh zu den Verschleppten, den Söhnen deines Volkes, und ob sie hören oder nicht, sprich zu ihnen, und sag zu ihnen: So spricht Gott, der Herr" (3,11). Dass der bis dahin unbekannte junge Mann bei diesen verstockten Kunden mit seiner Gerichtsankündigung nur Spott und Ablehnung ernten würde, war vorauszusehen. Auch wenn die Zuhörer Ezechiels ihn wie alle Propheten einfach für verrückt halten, so sagt der Herr seinem Boten trotzdem für die Zeit nach dem Eintreten der Katastrophe voraus: „Sie werden erkennen müssen, dass mitten unter ihnen ein Prophet war" (2,5). Wen aber Gott als seinen prophetischen Sprecher in Dienst genommen hat, der muss wie alle als Boten Gottes mit dem Prophetenschicksal, mit Verfolgung, ja mit dem Tod rechnen. Was Wunder also, dass der von Gottes Mächtigkeit einfach überwältigte Ezechiel zunächst „mit bitterem und grollendem Herzen dahinging, weil die Hand des Herrn schwer auf ihm lag, und dass er mitten unter den Verschleppten sieben Tage lang verstört saß" (3,14f).

Es ist nur zu verständlich, dass die von Gott berufenen Propheten sich dem undankbaren Geschäft eines Sprechers für Gott bei diesem zu allen Zeiten „widerspenstigen Volk" (2,8) zunächst zu entziehen suchen. So wehrte sich auch Ezechiels Zeitgenosse Jeremia bei seiner Berufung: „Ach, mein Gott und Herr, ich kann doch nicht reden, ich bin ja noch so jung" (Jer 1,6). Auch der unbekannte Prophet in Jes 40 stellt dem Befehl Gottes „Verkünde!" seine resignierende Frage entgegen: „Wozu soll man denn noch verkünden?" (V. 6b). Auch der als Gerichtsbote von Gott in die gottlose Weltstadt Ninive gesandte Jona sagt zwar zuerst ja zu seinem gefährlichen Auftrag, flieht aber dann einfach, weit weg von Gott. Er handelt wie viele andere nach dem zu allen Zeiten verbreiteten scheinbar schlauen Grundsatz: „Lieber einmal feige als das ganze Leben tot". Mit Blick auf die sich verweigernden Berufenen aller Zeit, ebenso auf die Jünger Jesu am Karfreitag sowie auf viele von Gott in Dienst genommene Christen ist aber gegen alle selbstgerechten Anklagen als Entschuldigung auch zu sagen: Wer noch nie davongelaufen ist, der werfe den ersten Stein!

Der Gott Israels aber, der auch heute nicht zulässt, dass seine berufenen Zeugen in der Welt „zu stummen Hunden" (Jes 56,10) werden, und der sie deshalb nicht aus seinem Dienst entlässt, ermahnt auch Ezechiel: „Du, Menschensohn, höre, was ich zu dir sage: Sei nicht widerspenstig wie dieses Volk" (V. 2,8)! Israel und die Menschen aller Zeiten gewinnen für sich nur Hoffnung und Zukunft, wenn sie auf das Wort Gottes hören, von dem sie doch mehr leben als vom Brot (vgl.

Dtn 8,3). Das macht Gott durch seine Propheten den Menschen aller Zeiten klar. Darauf weist auch Papst Benedikt XVI. hin: „Der Mensch braucht Brot, braucht die Nahrung des Leibes, aber er braucht im Tiefsten vor allem das Wort, die Liebe Gottes selbst." Nach Hebr 4,12 „ist das Wort Gottes lebendig, kraftvoll und schärfer als jedes zweischneidige Schwert". Dies bedeutet eine Warnung an alle Widerspenstigen und Gottvergessenen. „Die Welt aus Eigenem zu bauen, nur die politischen und materiellen Realitäten als Wirklichkeit anzuerkennen und Gott als Illusion beiseite zu lassen, das ist die große Versuchung, die uns Menschen in vielerlei Gestalten bedroht" (Joseph Ratzinger).

In V. 2,8 erhält Ezechiel dann den befremdenden Befehl: „Öffne deinen Mund, und iss, was ich dir gebe. Iss diese Rolle! Dann geh, und rede zum Haus Israel" (2,8; 3,1)! Auf dieser Buchrolle hat Gott schwarz auf weiß geschrieben, dass die ganze Katastrophe, der Untergang Jerusalems, nach seinem Ratschluss in naher Zukunft ganz sicher über sein Volk kommen wird. Was Gott aber geschrieben hat, das gilt und bleibt geschrieben. Dadurch, das der Prophet das Wort Gottes „seinem Bauch zu essen gibt und sein Inneres mit der Rolle füllt" (3,2), eignet es sich der Prophet ganz an und nimmt Gottes Auftrag gleichsam in sein Fleisch und Blut auf. Als Verkündiger des kommenden Gerichts bei seinen verstockten Landsleuten erweist er sich durch diese symbolische Handlung als eins mit Gott und seinem machtvollen Wort.

Die Hand des Herrn, die in 1,3 den Propheten erfasst, hat unerwartet und alles Bisherige umstürzend in sein Leben eingegriffen und hat es grundlegend verändert. Gottes Hand reicht ihm nun die Rolle und öffnet sie vor ihm. Gottes Hand ist in der Bibel eine Umschreibung für Gott selbst, insofern er machtvoll das Weltgeschehen, das Leben der Völker und auch das der einzelnen Menschen bestimmt. Und dieses Eingreifen Gottes geschieht sowohl zum Gericht als auch zum Heil. Wegen der Größe der Schuld des Gottesvolkes ist die Schriftrolle, was sonst nicht üblich war, beiderseits, „innen und außen beschrieben mit Klagen, Seufzern und Weherufen" (2,10). Das damit gemeinte furchtbare Unheil bezieht sich auf die kommende Katastrophe vom Jahr 586, auf den Verlust von Volk und Land. Diese auch für den Propheten selbst erschreckende Gerichtsandrohung Gottes muss Ezechiel schweren Herzens seinen Zuhörern verkünden, „ob sie es hören wollen oder nicht" (3,11).

Die hier erwähnte Hand Gottes kann die Menschen überall ergreifen, wohin sie auch vor ihm fliehen mögen (vgl. Ps 139,7-10; Am 9,2-4). Zugleich jedoch werden Gottes Liebe und Treue, wie alle Propheten ankündigen, sich letztlich gegen seinen Zorn durchsetzen. Selbst dann, wenn daher „Gott seine Hand auf mich legt"(Ps 139,5), bin ich von seiner zunächst noch strafenden Hand in Wirklichkeit gütig umsorgt. Die harten Strafen, welche Gott auf der Schriftrolle ankündigt, haben ja auch die positive Aufgabe, die Menschen dann, „wenn Gottes Zorn sich gewendet hat" (Jes 12,1), durch das erfahrene Leid zu ihrem Heil erkennen zu lassen: „In der Hand Gott ist man besser geborgen als dort, wo man meint, über seinen eigenen Lebensbereich verfügen zu können" (Karl Rahner). Daher ist nicht verzweifelte Klage angesichts der vielgestaltigen Not des Volkes, sondern die von Gott geschenkte Freude das Letzte in Gottes Heilswirken. So lautet auch die Grundaussage der biblischen Botschaft.

Dass die Schriftrolle mit der erschreckenden Unheilsankündigung trotzdem „im Mund des Propheten süß wie Honig wurde" (3,3), mag schon auf diese erhoffte Heilswende hinweisen, die Gott in seiner Treue herbeiführen wird. Aus dem Versagen und den Leiden Israels, die sich als felix culpa, als glückbringende Schuld, erweist, lässt Gott in seiner Güte das neue Heil als letztes und eigentliches Ziel seines Handelns erwachsen. Ezechiel muss daher im zweiten Teil seines Buches – und zwar schon wenige Jahre nach dem katastrophalen Untergang Jerusalems im Jahr 586! – diese neue Heilszeit verkünden. Gottes unerschütterliche Treue wird diese ganz sicher herbeiführen. Dann erweist sich Gott nach Ez 34 als der gute Hirte, der nach der Leidenszeit in Babylon sein Volk wieder umsorgt. Von Gottes rettendem Neuanfang für Israel kündigt Ezechiel auch in Kapitel 37, der sogenannten Totenbeinvision: Gott holt sein Volk aus dem Gräbern heraus und führt es – „ein großes, gewaltiges Heer" (V. 10) – wieder in das verheißene Land zurück. Die Herrlichkeit Gottes, die nach Ez 10,18-22 den Tempel verlassen und diesen so der Zerstörung ausgeliefert hat, kehrt nach Ez 43 wieder zurück. Der neue Tempel Gottes (vgl. Ez 40-48) wird prächtiger als der alte erbaut werden als Garantie dafür, dass Gott jetzt wieder inmitten seines Volkes wohnt. Von diesem neuen Tempel aus fließt nach Ez 47 wieder der Paradiesstrom, der überall, wohin er kommt, neues Leben erstehen lässt. Dann hat die das Versagen des Gottesvolkes verurteilende Schriftrolle mit allen ihren Gerichtsandrohungen ausgedient. Dann werden die Menschen auch den früher verlachten und verfolgten Propheten ehrende Denkmäler errichten. Diese Toren um Gottes willen (vgl. 1Kor 4,10) können angesichts der neuen Heilszeit das undankbare Geschäft eines Propheten vergessen. So verheißt es Gott in der Zeit nach der babylonischen Gefangenschaft: „Vergessen sind die früheren Nöte; sie sind meinen Augen entschwunden. Denn schon erschaffe ich einen neuen Himmel und eine neue Erde" (Jes 65,16f).

Auf diesen Neuanfang Gottes wartet auch die Kirche Christi, welche aber in dieser Zeitlichkeit bis zum Ende der Tage noch mutig auch das undankbare Geschäft eines Propheten übernehmen muss. Es redet von Gericht, muss dann aber als letztes Wort Gottes doch den befreienden Sieg seiner Liebe und Treue verkünden. Diesen endzeitlichen Sieg Gottes bringt die Offenbarung des Johannes in Verbindung mit dem himmlischen Jerusalem. Es ist „die heilige Stadt, die von Gott her aus dem Himmel herabkommt. Dann wird Gott in ihrer Mitte wohnen, und sie werden sein Volk sein, und er wird bei ihnen sein. Und er, der auf dem Thron saß, sprach: Seht, ich mache alles neu" (21,2f.5). Dieses Neue, nach dem auch wir Christen uns sehnen, wiegt alles vergangene Leidvolle und Belastende des undankbaren Geschäfts des prophetischen Dienstes in Israel und in der Kirche Christi weit auf. Darüber dürfen wir uns freuen und sollen unserem Gott von Herzen danken.[1]

---

[1] Siehe zu Ez 2,8-3,3 auch: C. KELLER: *Die Buchrolle*. In: M. GRAULICH, S. VAN MEEGEN: *Gottes Wort in Leben und Sendung der Kirche*. Bibel konkret Bd. 3, Münster 2007, S. 104-108.

Das T auf der Stirn

Christoph Keller

Text: Ezechiel 9,1-11

9,1 Und er schrie mir laut in die Ohren: Das Strafgericht über die Stadt ist nahe. Jeder soll sein Werkzeug zum Zertrümmern in die Hand nehmen.
2 Da kamen sechs Männer vom oberen Tor, das im Norden liegt. Jeder hatte sein Werkzeug zum Zertrümmern in der Hand. Unter ihnen war auch ein Mann, der ein leinenes Gewand anhatte; an seinem Gürtel hing Schreibzeug. Sie kamen herein und stellten sich neben den Altar aus Bronze.
3 Die Herrlichkeit des Gottes Israels schwebte von den Kerubim, über denen sie war, hinüber zur Schwelle des Tempels. Er rief den Mann, der das leinene Gewand anhatte und an dessen Gürtel das Schreibzeug hing.
4 Der Herr sagte zu ihm: Geh mitten durch die Stadt Jerusalem und schreib ein T auf die Stirn aller Männer, die über die in der Stadt begangenen Greueltaten seufzen und stöhnen.
5 Und ich hörte, wie er zu den anderen sagte: Geht hinter ihm her durch die Stadt, und schlagt zu! Euer Auge soll kein Mitleid zeigen, gewährt keine Schonung!
6 Alt und jung, Mädchen, Kinder und Frauen sollt ihr erschlagen und umbringen. Doch von denen, die das T auf der Stirn haben, dürft ihr keinen anrühren. Beginnt in meinem Heiligtum! Da begannen sie bei den Ältesten, die vor dem Tempel standen.
7 Er sagte zu ihnen: Macht den Tempel unrein, füllt seine Höfe mit Erschlagenen! Dann geht hinaus, und schlagt in der Stadt zu!

8 Sie schlugen zu, und ich allein blieb übrig; da fiel ich nieder auf mein Gesicht und schrie: Ach, Herr und Gott, willst du deinen ganzen Zorn über Jerusalem ausschütten und auch noch den letzten Rest Israels vernichten?
9 Er sagte zu mir: Die Schuld des Hauses Israel und des Hauses Juda ist groß, ja übergroß. Das Land ist voll Blutschuld, die Stadt ist voll Unrecht. Sie sagen: Der Herr sieht es nicht; der Herr hat das Land verlassen.
10 Darum zeigt mein Auge kein Mitleid, und ich übe keine Schonung. Ihr Verhalten lasse ich auf sie selbst zurückfallen.
11 Und der Mann, der das leinene Gewand anhatte und an dessen Gürtel das Schreibzeug hing, (kam und) berichtete: Ich habe getan, was du mir befohlen hast.

Vergegenwärtigung

Es graust uns vor der Schlächterei, die Ezechiel da im Kino seines Kopfes mit ansehen muss. Wir beruhigen uns damit, dass es nur eine Montage ist, nur eine gestellte Szene, nur ein Film sozusagen, der Ezechiel vorgeführt wird. Ezechiel hat sich diesen Horrorstreifen nicht ausgesucht, er wurde ihm vorgesetzt. Seine seelische Erlebnisfähigkeit ist bis zum Anschlag strapaziert. Er sieht ein Blutbad über Jerusalem kommen. Zeigt der Film, was passieren kann, oder was passiert wird? Ezechiel weiß es nicht, hört nur das Vollzugsorgan am Schluss des Films zu Gott sagen: Ich habe getan, was du mir befohlen hast.

Bilder wie vor ein paar Jahren aus Srebrenica! Das Ganze also doch nicht nur ausgedacht, doch nicht nur phantasiert, doch kein makabres Hirngespinst, sondern eines der vielen Massaker, die in der Geschichte passiert sind und vor unseren Augen tatsächlich passieren?

Was Ezechiel vor sich sah, hat also allem nach doch nur wenig mit Imaginärem, sehr viel mehr mit Realem zu tun, mit dem, was wir in jüngster Vergangenheit vom Balkan und von Ruanda erfahren haben und heute aus Darfur und dem Irak erfahren.

Der große Unterschied liegt darin, dass wir Unschuldige massakriert sehen und Ezechiel Schuldige. Jerusalem muss büßen für seinen Götzendienst und seine Blutschuld; so sieht es Ezechiel in seinem babylonischen Exil. Dem Visionär Ezechiel, der für Gottesbotschaften eine Antenne hat, wird gezeigt, was Jerusalem blüht. Es hat den Tempel entweiht, es hat sich selbst Gott entwidmet. Heidnische Kulte, einer schlimmer als der andere, haben Einzug gehalten, Hand in Hand damit Gewalttätigkeit und Rechtsbeugung.[1]

Tragen sich in dieses Bild nicht wie von selbst die Dinge ein, die unseren Zeitgenossen Kult sind, die Götzen, die sie anbeten, der Tanz ums Goldene Kalb? Beklagen wir nicht, dass der Materialismus sich das Denken und Handeln der Massen hat anheim fallen lassen? Wer lebt denn noch nach dem Wort „Suchet zuerst das Reich Gottes, und alles andere wird euch dazugegeben werden"?

Muss die Antwort lauten: niemand!? Wenn die Antwort „niemand" lauten würde, weil die Los-von-Gott-Bewegung ausnahmslos alle erfasst hätte, bräuchte es kein T auf der

---

[1] So W. EICHRODT: *Der Prophet Hesekiel. Kapitel 1-18*. ATD 22/1, Göttingen ⁴1978, S. 62-66.

Stirn. Da wird aber, wie Ezechiel sieht, auf die Stirn derer, die über die in der Stadt begangenen Gräueltaten seufzen und stöhnen, ein Tau geschrieben, ein großes T, der letzte Buchstabe im althebräischen Alphabet, und wer dieses Tau trägt, wird von den Würgengeln verschont.

Auf dieses Tau konzentrieren wir, Ezechiel folgend, unser Interesse. Andere Fragen würden uns wohl auch noch interessieren, aber man muss Antwort auf Fragen immer dort suchen, wo sie gestellt werden, und nicht dort, wo sie nicht gestellt werden. Wann die große Abrechnung erfolgt, wer mit dem göttlichen Schlächtertrupp gemeint ist, darüber steht hier nichts; herausholen lässt sich etwas zum Dass und zum Warum, aber nicht zum Wann und Wie. Auch ob Gott mit sich handeln lässt, bleibt an dieser Stelle offen; da gälte es, in der Abrahamsgeschichte nachzulesen, wo das Thema Fürbitte expliziert wird (Gen 18,22ff.).

Hier, bei Ezechiel, geht es um die Ausnahmen. Wir bekommen als Prognose: Was verhängt ist, trifft zwar ein, aber es trifft nicht alle. Die Exekution ist kein Genozid und kein Holocaust. Es wiederholt sich vielmehr, was beim Auszug des Volkes Israel aus Ägypten geschah, als die mit Blut am Türsturz und an den Türpfosten bezeichneten Häuser von den Todesschwadronen unbehelligt blieben (Ex 12,22 f.). Es erinnert das Tau sogar an das Kainsmal, das Zeichen, mit dem Kain vor Blutrache geschützt werden sollte.[2] Also will nicht nur das Bild vom Gericht Gottes, das Ezechiel vor sich hat, ernst genommen werden, sondern auch die darin eingezeichnete Markierung der Nichtbedrohten – das eine wie das

---

[2] Vgl. L. RUPPERT: *Genesis*. Band I. Würzburg 1992, S. 209.

andere fester Bestandteil der biblischen Verkündigung, durchgängig bis hin zum Jüngsten Gericht. Der auf dem Ezechiel-Bild mit den Worten „Ich habe getan, was du mir befohlen hast" Rapport Erstattende meint den Vollzug der Exekution unter Verschonung der Tau-Träger.[3]

Extrapolieren wir die gewonnenen Daten! Alles, was einst geschrieben worden ist, ist ja „zu unserer Belehrung geschrieben" (Röm 15,4). Was sagt das Gerichtsbild in Ezechiels Bildergalerie uns, den Betrachtern?

„Wenn die Gerichtsdrohungen und die grausam-schrecklichen Bilder von der Schwere der über die Sünder verhängten Strafen, die wir in Schrift und Tradition finden, einen Sinn haben, dann bestimmt zunächst den, mir selber den Ernst der Verantwortung vor Augen zu führen, die mir mit meiner Freiheit gegeben ist".[4] Ich bin erschüttert von der drohenden Gefahr. Ich mache mir nichts mehr vor. Spätestens, wenn das „Jüngste Gericht" stattfindet, bin ich „im Bild". Bei aller Unsicherheit darüber, ob das „Jüngste Gericht" identisch ist mit dem Ende der Welt oder im individuellen Tod stattfindet: Sicher ist kraft vieler gleichlautender biblischer Aussagen, dass meine Geschichte nicht unverhandelt bleibt.

Kein Mensch geht unbescholten in diesen Prozess hinein. „Wenn wir sagen, dass wir keine Sünde haben, führen wir uns selbst in die Irre, und die Wahrheit ist nicht in uns"

---

[3] Dazu F.-L. HOSSFELD: *Probleme einer ganzheitlichen Lektüre der Schrift.* In: ThQ 167 (1987) S. 268-277, hier 271.

[4] H. U. V. BALTHASAR: *Kleiner Diskurs über die Hölle.* Ostfildern o. J., S. 42.

(1Joh 1,8). Das Tau auf der Stirn ist kein Freispruch wegen erwiesener Unschuld, sondern Amnestie wegen Mitleidens unter den Zuständen. Diejenigen, „die über die in der Stadt begangenen Gräueltaten seufzen und stöhnen", bekommen laut Ezechiel das Tau. Aus gutem Grund ist auf der Basis des Neuen Testaments das Kreuz im Sinne des Tau gedeutet worden: Der Glaube an den Gekreuzigten schützt vor dem ewigen Verderben (vgl. Joh 5,24).

Und was sagt das Gerichtsbild über-subjektiv, objektiv, allgemein? In Gott ist sehr viel Emotion. Emotionslose Liebe gibt es nicht. Er kann, ohne ungerecht zu werden, nicht einfach alles durchgehen lassen. Es muss „ein Gericht geben, in dem auch gerichtet und verurteilt wird, das zwischen Tätern und Opfern in und zwischen den Menschen unterscheidet, in dem keine Ungerechtigkeit der Geschichte unerwähnt bleibt, in dem keine Gewalttätigkeit nicht ihren Täter oder ihre Täterin finden würde".[5]

Wir werden sogar, wenn wir Ezechiel über die Schulter schauen, und erst recht, wenn wir das Bild, das er uns zeigt, mit dem Licht Christi weiter ausleuchten, sagen müssen, dass man es auf keinen Fall darauf ankommen lassen sollte, ob Gott tatsächlich die Gräuel der Geschichte voll auf die Verursacher zurückfallen lässt. Die Würzburger Synode ist zu dem Beschluss gekommen: Wir verschweigen nicht, dass „die Botschaft vom Gericht Gottes auch von der Gefahr des ewigen Verderbens spricht. Sie verbietet uns, von vornher-

---

[5] O. Fuchs: *Das Jüngste Gericht*. Regensburg 2007, S. 114.

ein mit einer Versöhnung und Entsühnung für alle und für alles zu rechnen, was wir tun oder unterlassen."[6]

---

[6] Gemeinsame Synode der Bistümer in der Bundesrepublik Deutschland I. Freiburg 1976, S. 93.

Das Krokodil

Christoph Keller

Text: Ezechiel 32,1-10

32,1 Am ersten Tag des zwölften Monats im zwölften Jahr erging das Wort des Herrn an mich:
2 Menschensohn, stimm die Totenklage an über den Pharao, den König von Ägypten, und sag zu ihm: Löwe der Völker, jetzt bist du verstummt. Und doch warst du wie ein Krokodil in den Seen, hast die Flüsse aufgepeitscht, das Wasser mit deinen Füßen verschmutzt und die Fluten aufgewühlt.
3 So spricht Gott, der Herr: Ich werfe über dich mein Netz, ein Heer von vielen Völkern, die ziehen dich herauf in meinem Schleppnetz.
4 Dann werfe ich dich aufs Land, schleudere dich aufs freie Feld. Alle Vögel des Himmels sollen sich auf dich setzen, und ich sättige mit dir alle Tiere der Erde.
5 Ich lege dein Fleisch auf den Bergen aus und fülle die Täler mit deinem Aas.
6 Ich tränke das Land bis hin zu den Bergen mit der Flut deines Blutes; die Schluchten sollen sich damit füllen.
7 Wenn dein Leben erlischt, will ich den Himmel bedecken und die Sterne verdüstern. Die Sonne decke ich zu mit Wolken, der Mond lässt sein Licht nicht mehr leuchten.

8 Deinetwegen verdunkle ich alle die strahlenden Lichter am Himmel und lege Finsternis über dein Land – Spruch Gottes, des Herrn.
9 Ich versetze viele Völker in Kummer, wenn ich ihnen und all den Ländern, die du nicht kanntest, deinen Zusammenbruch melde.
10 Über dich werden viele Völker entsetzt sein, ihren Königen sträuben sich deinetwegen die Haare, wenn ich mein Schwert gegen sie schwinge. Sie zittern erregt am Tag deines Sturzes, jeder hat Angst um sein Leben.

Vergegenwärtigung

Von all den Bildern im bilderreichen Buch Ezechiel ist dieses das ungemütlichste. Als vor ein paar Jahren irgendwo in Deutschland ein als Haustier gehaltenes Krokodil seinem Besitzer entwich und einen Badesee unsicher machte, haben wir neugierig und auch ein bisschen belustigt die Bemühungen, dem Reptil beizukommen, verfolgt. Bei der Betrachtung des Krokodils von Ezechiel aber zieht sich unsere Stirn zusammen. Der Grund liegt nicht beim Krokodil, sondern bei dem, der es zur Strecke bringt. Es befremdet uns, Gott als Jäger und Schlächter dargestellt zu finden.

Nun kann man sich natürlich endlos darüber entrüsten, dass die Bibel einen Totschläger-Gott propagiert. Man kann sich angewidert von diesem Gott abwenden. Man kann beschämt das Alte Testament zuklappen und sagen: Es ist überholt, im Neuen Testament sehen wir das wahre Gesicht Gottes, und das ist nicht das Bild eines Totschlägers, sondern eines Totgeschlagenen.

Das Krokodil (Ezechiel 32,1-10)

Und wer hat dann dieses Krokodil erledigt? Wer hat denn im Lauf der Geschichte alle die Krokodile ins Gras beißen lassen, die wie Ägypten zu Zeiten des Ezechiel den Strom der Zeit hoch peitschten, den Dreck aus der Tiefe aufwühlten und gefräßig sich schnappten, was immer sie kriegen konnten?

Beides geht nicht: gegen die Krokodile, die in den Gewässern der Zeit lauern und uns Arme und Beine ausreißen, Gott anrufen und dann, wenn er sie harpuniert, schreien, er sei ein blutrünstiger Schlächter.

Es ist eine Tatsache, dass Großmächte, dass totalitäre Regime in der Geschichte oft ein ähnliches Schicksal fanden wie das Krokodil, das Ezechiel außer Gefecht gesetzt vor sich sah: die große Klappe zu, den Bauch aufgeschlitzt, ein Kadaver nur noch für Geier. Wir brauchen nicht einmal aus unseren Jahrzehnten wegzugehen, um Beispiele für solche Krokodile zu finden, gegen die lange Zeit kein Aufkommen war und die dann plötzlich zu Tode getroffen verbluteten.

Wir haben nur die Wahl, entweder zu sagen, Gott hat damit etwas zu tun, oder zu sagen, Gott hat damit nichts zu tun. Wenn wir Gott nicht auf einen bloßen UN-Beobachterposten in der Weltgeschichte abschieben wollen, müssen wir irgendeine Beziehung zwischen den Kräfteverschiebungen auf Erden und Gott annehmen. So billig geht es nicht, wie es sich manche Leute machen, die von Gott, dem Weltenlenker, reden, der alles in der Hand hat, und dann angesichts der Kriege, Kräche und Krokodile in der Welt bloß die Schultern zucken und sich verdrücken. Da muss eine Erklärung her, und gerade die hilft uns Ezechiel mit dem Bild, das er vor sich hat, zu gewinnen.

Genauer gesagt, hilft er uns nicht nur mit dem Bild, sondern auch mit dem einen Satz, den er unter das Bild schreibt: „Das Schwert des Königs von Babel kommt über dich". Das heißt: Gott benützt den König von Babel als ausführendes Organ seiner Krokodilsjagd. Gott steigt also nicht persönlich vom Himmel herunter, um das Krokodil zu erledigen. Er wird im Lauf der Weltgeschichte nur ein einziges Mal persönlich vom Himmel heruntersteigen, dann, um den Boden mit seinem eigenen Blut zu tränken. Ansonsten nützt er über die ganze Weltgeschichte hin die von den Menschen geschaffenen Tatsachen aus, um seinen Willen durchzusetzen.

Im Falle des damaligen Großmauls Ägypten ist der König von Babel, ohne es zu wissen, sein Instrument. Babel, die aufstrebende Weltmacht, hat Ezechiels Heimat bereits kassiert, Jerusalem erobert, das halbe Volk Israel nach Babel deportiert, und wird als nächstes das Krokodil kurz und klein schlagen. Ezechiel prophezeit das seinen Landsleuten, die vor dem Krokodil immer in Ehrfurcht erstarrt sind. Er sagt es ihnen, damit sie nie vor einem großen Tier in die Knie gehen, denn deren Stunden sind alle gezählt. Eines Tages wird Babel dran sein, heute dieses, morgen jener. Solange die Welt steht, lässt Gott es sich nicht nehmen, das Spiel der Kräfte auszunützen und die jeweiligen Krokodile kaltzustellen. Und da es auch die Hauskrokodile gibt, die wir Haustyrannen nennen, müssen die wie alle politischen Krokodile, sobald sie dem Willen Gottes im Weg stehen, damit rechnen, dass er irgendeinen König von Babel schickt, der sie niederstreckt.

Ezechiel bemerkt sogar, dass das Bild vom Krokodil eine Art Folie ist, die bis zum Ende der Welt auf vieles noch gelegt werden wird, ja dass sogar beim Jüngsten Gericht, also der „Generalabrechnung Gottes", nach demselben Schema verfahren und kein Krokodil überleben wird.

Denn auch im Neuen Testament und für alle Zeiten gilt, was im Lukas-Evangelium im Magnificat steht: „Er stürzt die Mächtigen vom Thron und erhöht die Niedrigen" (Lk 1,52). Alle Macht ist geliehen, und wer nicht im Sinne Gottes mit ihr umgeht, muss gewärtigen, dass über kurz oder lang ein Stärkerer über ihn kommt.

Die Totengebeine

Christoph Keller

Text: Ezechiel 37,1-14

37,1 Die Hand des Herrn legte sich auf mich, und der Herr brachte mich im Geist hinaus und versetzte mich mitten in die Ebene. Sie war voll von Gebeinen.
2 Er führte mich ringsum an ihnen vorüber, und ich sah sehr viele über die Ebene verstreut liegen; sie waren ganz ausgetrocknet.
3 Er fragte mich: Menschensohn, können diese Gebeine wieder lebendig werden? Ich antwortete: Herr und Gott, das weißt nur du.
4 Da sagte er zu mir: Sprich als Prophet über diese Gebeine, und sag zu ihnen: Ihr ausgetrockneten Gebeine, hört das Wort des Herrn!
5 So spricht Gott, der Herr, zu diesen Gebeinen: Ich selbst bringe Geist in euch, dann werdet ihr lebendig.
6 Ich spanne Sehnen über euch und umgebe euch mit Fleisch; ich überziehe euch mit Haut und bringe Geist in euch, dann werdet ihr lebendig. Dann werdet ihr erkennen, dass ich der Herr bin.
7 Da sprach ich als Prophet, wie mir befohlen war; und noch während ich redete, hörte ich auf einmal ein Geräusch: Die Gebeine rückten zusammen, Bein an Bein.
8 Und als ich hinsah, waren plötzlich Sehnen auf ihnen, und Fleisch umgab sie, und Haut überzog sie. Aber es war noch kein Geist in ihnen.
9 Da sagte er zu mir: Rede als Prophet zum Geist, rede, Menschensohn, sag zum Geist: So spricht Gott, der Herr: Geist, komm herbei von den vier Winden! Hauch diese Erschlagenen an, damit sie lebendig werden.

10 Da sprach ich als Prophet, wie er mir befohlen hatte, und es kam Geist in sie. Sie wurden lebendig und standen auf – ein großes, gewaltiges Heer.
11 Er sagte zu mir: Menschensohn, diese Gebeine sind das ganze Haus Israel. Jetzt sagt Israel: Ausgetrocknet sind unsere Gebeine, unsere Hoffnung ist untergegangen, wir sind verloren.
12 Deshalb tritt als Prophet auf, und sag zu ihnen: So spricht Gott, der Herr: Ich öffne eure Gräber und hole euch, mein Volk, aus euren Gräbern herauf. Ich bringe euch zurück in das Land Israel.
13 Wenn ich eure Gräber öffne und euch, mein Volk, aus euren Gräbern heraufhole, dann werdet ihr erkennen, dass ich der Herr bin.
14 Ich hauche euch meinen Geist ein, dann werdet ihr lebendig, und ich bringe euch wieder in euer Land. Dann werdet ihr erkennen, dass ich der Herr bin. Ich habe gesprochen, und ich führe es aus – Spruch des Herrn.

Vergegenwärtigung

Mit den Bildern in der Bildergalerie des Ezechiel ist es nicht so wie mit den Fotos in unseren Fotoalben. Die Fotos in den Fotoalben sind Momentaufnahmen von etwas, was war; die Bilder im Buch Ezechiel sind Durchblicke auf etwas, was immer ist. Man sollte diese Durchblicke oder Einblicke ständig im Auge behalten. Unsere inneren vier Wände sollten damit tapeziert sein, denn Gott wollte diese Bilder nicht exklusiv dem Ezechiel zeigen, sondern durch ihn, den er sie aufzeichnen ließ, und durch die Kirche, die er in Gestalt der Verbreitung der Heiligen Schrift unzählige Abzüge davon machen ließ, dafür sorgen, dass jedermann sie vor sich haben kann.

Das Bild, vor das wir heute geführt werden, ist das Bild eines Feldes voller Totengebeine. Unbegraben liegen die Gebeine herum, wie abgenagt, entblößt von allem, was einst Sehnen, Fleisch und Haut um sie herum war, und schon ganz ausgebleicht.

Alles ist so tot, so absolut tot, dass sich jedes Wort erübrigt. Hier ist nicht einmal mehr vielleicht nichts zu machen. Hier ist gar nichts mehr zu machen.

Wie kann man da noch fragen: Können diese Gebeine wieder lebendig werden? Sie können es nicht! Das sieht jeder. Da kann man ja seit langem nicht einmal mehr jemand identifizieren.

Es ist also eine überflüssige Frage, ob diese Gebeine wieder lebendig werden können. Etwas anderes als „nein" kann man darauf nicht antworten. Wäre es ein Mensch gewesen, der Ezechiel das gefragt hätte, hätte die Antwort nichts anderes als ein Stoßseufzer sein können: da ist wirklich alles zu spät. Aber da es Gott ist, der Ezechiel fragt: Können diese Gebeine wieder lebendig werden?, geniert sich Ezechiel zu sagen: Du siehst doch, dass das nicht geht.

Wenn Gott uns angesichts solcher Bilder, solcher Realitäten fragte: Kann daraus noch einmal etwas werden?, was würden wir sagen? Natürlich ist diese Frage ein Test für unseren Glauben. Solange der Mensch sich nur halb tot fühlt, kann er leicht sagen: Das wird schon wieder werden! Haben wir aber das Stadium dieser Totengebeine erreicht, sind wir wirklich „erschlagen", sind subjektiv und objektiv so am Ende, dass nichts mehr zu machen ist, was sagen wir dann?

Ezechiel braucht keine Erklärung, um zu wissen, was das Bild mit den Totengebeinen bedeutet. Genau das ist der Zustand seines Volkes. Zwangsumgesiedelt, ohne jede Hoffnung auf Rückkehr in die Heimat, auf überhaupt irgend eine Zukunft, völlig verzweifelt,[1] nur noch ein Skelett seiner selbst, abgestorben, tot. Da regt sich nirgendwo mehr etwas, wenn er sagt: Es wird auch wieder anders. Ezechiel sagt schon lange nichts mehr. Es hat einfach keinen Wert. Resonanz kann es nicht mehr geben.

Auch wir brauchen keine Erklärung, um zu wissen, wann unser eigener Zustand dem auf dem Bild entspricht. Es gibt einen Grad an Erschöpfung, wo man einfach nicht mehr kann, wo es auch völlig ausgeschlossen ist, dass sich daran etwas ändert, wo es nicht mehr darum geht, eine Krise zu überwinden, wo es sich ausgekrist und ausgekämpft hat, wo man innerlich schon tot ist.

Dennoch sagt Ezechiel auf die Frage: „Können diese Gebeine wieder lebendig werden?" nicht einfach: „Nein". Er sagt: „Herr und Gott, das weißt nur du". „Das geht nicht", will er nicht sagen, „das geht", kann er nicht sagen. Denn nach menschlichem Ermessen, nach Lage der Dinge ist einfach nichts mehr zu machen. Wenn freilich Gott, der als der Schöpfer des Menschen auch Macht hat, tote Gebeine wieder in lebendige Menschen umzuschaffen, wenn Er Hand anlegen würde, wenn Er Interesse daran hätte, dass aus Rui-

---

[1] Vgl. W. EICHRODT: *Der Prophet Hesekiel. Kapitel 19-48*. ATD 22/2, Göttingen ²1969, S. 354.

nen und Wracks noch einmal etwas wird, dann sähe es anders aus.

Wie viel dieser Glaubenstest ausmacht, geht aus dem Bild nicht hervor. Wir registrieren nur, dass Gott aktiv wird, genauer gesagt, den Ezechiel einspannt anzukündigen, was er unternehmen wird. Dass er den Ezechiel, der selber zwar nichts tun kann, dennoch nicht nur zuschauen, sondern den Mund aufmachen lässt, wird schon eine Bedeutung haben. Offensichtlich will Gott, dass das Wunder, das er wirken wird, hinterher nicht als irrer Zufall ausgelegt wird, sondern dazu dient, dass er erkannt wird[2] als der, der er ist, derjenige nämlich, „für den nichts unmöglich ist", wie es später, im Neuen Testament, auf den Punkt gebracht wird. Man soll demnach merken, wer dahinter steckt, und daraus seine Schlüsse ziehen. Nur so profitiert der Mensch für ein andermal davon und lernt, Gott alles zuzutrauen.

Das Volk kam sowohl physisch als auch psychisch wieder auf die Höhe; auf dem Bild sieht man das plastisch dargestellt. Die Knochen rücken zusammen, Zueinandergehörendes wird in die richtige Ordnung gebracht, mit Sehnen verbunden, mit Fleisch umgeben und mit Haut überkleidet. Der Mensch, gerade noch hoffnungslos zerschlagen und mit sich und der Welt zerfallen, ist wieder jemand, kann über sich verfügen, ist in der Lage, auf die Beine zu kommen. Und nicht nur das: Auf dem Bild sieht man auch, dass seine Lebensgeister wiederkehren, seine Vitalität. Er ist wieder voll Saft und Kraft; zur körperlichen Komplettheit ist der Wille

---

[2] Dazu W. ZIMMERLI: *Erkenntnis Gottes nach dem Buch Ezechiel.* (AThANT 26.) Zürich 1954.

Die Totengebeine (Ezechiel 37,1-14)

zum Leben getreten. Gott hat wie am Schöpfungsmorgen seinen Geist in das Gehäuse fahren lassen, ein unsichtbares Fluidum,[3] das aus dem vegetierenden Leben ein beseeltes Leben macht.

„Sie wurden lebendig und standen auf – ein großes, gewaltiges Heer": Das Leben hat alle erfasst; von Skeletten ist auf dem Bild jetzt nicht das Geringste mehr zu sehen.

Natürlich ist dieses Bild auch eine Anspielung auf die Auferstehung der Toten. Ezechiel konnte dies noch nicht erkennen. Er dachte mit Recht an das, was dieses Bild auch sein will, nämlich die Absage des Untergangs Israels. Noch ist Israel nicht verloren, und wenn's noch so sehr danach aussieht: Das rollte das Bild auf, wie das Lied „Noch ist Polen nicht verloren" das polnische Volk an der Selbstaufgabe hinderte in den Zeiten, da der Staat Polen von der Landkarte völlig verschwunden war.

Bei Gott ist kein Ding unmöglich. Ezechiel hat die nationale Renaissance seines Volkes noch erlebt. Das Bild von der Metamorphose der Totengebeine war kein Trugbild gewesen.

Aber dieses Bild gilt nicht nur dem Volk, das damals unwiederbringlich verloren schien. Es gilt in jeder vergleichbaren Situation. Denn der Gott, der dieses Bild damals aufhängen ließ und die Geschichte auf die Verwirklichung des Bildes hintrieb, ist durchgängig derselbe, gestern, heute und morgen.

---

[3] W. EICHRODT: *Der Prophet Hesekiel. Kapitel 19-48*. ATD 22/2, Göttingen ²1969, S. 356.

Er will, dass wir dieses Bild vor uns haben, wenn wir meinen, und nicht nur meinen, sondern sogar begründet annehmen müssen, dass es nicht mehr weitergeht, im Leben nicht und im Tod sowieso nicht. Dann soll dieses Bild uns sagen: „Für Gott ist nichts unmöglich" (Lk 1,37).

Der heilende Strom

Christoph Keller

Text: Ezechiel 47,1-12

47,1 Dann führte er mich zum Eingang des Tempels zurück, und ich sah, wie unter der Tempelschwelle Wasser hervorströmte und nach Osten floss; denn die vordere Seite des Tempels schaute nach Osten. Das Wasser floss unterhalb der rechten Seite des Tempels herab, südlich vom Altar.
2 Dann führte er mich durch das Nordtor hinaus und ließ mich außen herum zum äußeren Osttor gehen. Und ich sah das Wasser an der Südseite hervorrieseln.
3 Der Mann ging nach Osten hinaus, mit der Messschnur in der Hand, maß tausend Ellen ab und ließ mich durch das Wasser gehen; das Wasser reichte mir bis an die Knöchel.
4 Dann maß er wieder tausend Ellen ab und ließ mich durch das Wasser gehen; das Wasser reichte mir bis zu den Knien. Darauf maß er wieder tausend Ellen ab und ließ mich hindurchgehen; das Wasser ging mir bis an die Hüften.
5 Und er maß noch einmal tausend Ellen ab. Da war es ein Fluss, den ich nicht mehr durchschreiten konnte; denn das Wasser war tief, ein Wasser, durch das man schwimmen musste, ein Fluss, den man nicht mehr durchschreiten konnte.
6 Dann fragte er mich: Hast du es gesehen, Menschensohn? Darauf führte er mich zurück, am Ufer des Flusses entlang.
7 Als ich zurückging, sah ich an beiden Ufern des Flusses sehr viele Bäume.
8 Er sagte zu mir: Dieses Wasser fließt in den östlichen Bezirk, es strömt in die Araba hinab und läuft

in das Meer, in das Meer mit dem salzigen Wasser. So wird das salzige Wasser gesund.

9 Wohin der Fluss gelangt, da werden alle Lebewesen, alles, was sich regt, leben können, und sehr viele Fische wird es geben. Weil dieses Wasser dort hinkommt, werden (die Fluten) gesund; wohin der Fluß kommt, dort bleibt alles am Leben.

10 Von En-Gedi bis En-Eglajim werden Fischer am Ufer des Meeres stehen und ihre Netze zum Trocknen ausbreiten. Alle Arten von Fischen wird es geben, so zahlreich wie die Fische im großen Meer.

11 Die Lachen und Tümpel aber sollen nicht gesund werden; sie sind für die Salzgewinnung bestimmt.

12 An beiden Ufern des Flusses wachsen alle Arten von Obstbäumen. Ihr Laub wird nicht welken, und sie werden nie ohne Frucht sein. Jeden Monat tragen sie frische Früchte; denn das Wasser des Flusses kommt aus dem Heiligtum. Die Früchte werden als Speise und die Blätter als Heilmittel dienen.

Vergegenwärtigung

Dass aus Christus Heil hervorquillt: ein Bild, das uns einleuchtet. Dass aus der Kirche Heil hervorquillt: eine Botschaft, die vielen Leuten nicht einleuchtet.

Ezechiel sah vor seinem geistigen Auge Wasser unter der Tempelschwelle austreten, gutes Wasser, heilendes Wasser, das überall, wohin es gelangte, Fruchtbarkeit bewirkte. Was Ezechiel da vorschwebte, war ein Bild, mit dem Gott ihm die Bedeutung des Tempels erklärte. Der Tempel ist der Quellort des Heils.

Wir wären verwundert oder auch nicht verwundert gewesen, wenn uns ein ganz anderes Bild vor Augen gestellt würde: Aus der Kirche wälzt sich wie aus einer Kloake üble Giftbrühe, die überall, wohin sie kommt, Leben beschädigt und eingehen lässt. Gott hat den Propheten keineswegs nur gefällige Bilder in Auftrag gegeben und speziell den Tempel oft nicht gut wegkommen lassen. Es könnte leicht sein, dass, wer den Deckel der Kirche hebt, nichts als Abwasser vor sich hat. Es könnte leicht sein, dass das, was der Welt zum Heil dient, ganz woanders entspringt als in der Kirche.

Aber es ist nicht so! Das Bild von der Tempelquelle ist eine Offenbarung. So will Gott Kirche verstanden wissen, so will er sie verwenden. Ezechiel gelüstet es, in das Wasser hinein zu steigen, das aus dem Tempel quillt. Er stellt fest, dass das Wasser tiefer und tiefer wird, und er stellt fest, dass das Ziel des Wassers die Wüste ist und dass die Wüste zu blühen beginnt.

Kirche und Heil gehören demnach nicht auseinandergerückt, wie manche Menschen meinen. Die Bibel, die Auskunftei Gottes, wehrt sich gegen diese Betrachtungsweise. Für alles, was ins Dasein hineinfließt, gibt es einen Quellort; irgendwo muss es herkommen. Wer den Strom des Heils in sein Quellgebiet zurückverfolgt, landet bei der Kirche.

In der Vision, die Ezechiel hat, verfolgt er den Strom in die andere Richtung. Sein Ausgangspunkt ist die Quelle, er sieht, wo das Wasser austritt, und wird flussabwärts geführt. Er bekommt gezeigt, wie das Leben am Ufer des Flusses gedeiht und wie der Fluss die Wüste verändert.

Wenn dieses Bild ein Fernsehspot wäre, würden wir sagen: das ist Eigenwerbung der Kirche. Natürlich spricht dieses Bild über die Kirche Bände, aber es ist im Atelier Gottes entstanden, nicht in einer public-relations-Firma. Gott blendet auf dem inneren Bildschirm Ezechiels den Tempel und sein Geheimnis ein. Ezechiel soll den Tempel als Quellort des Heils sehen, als Austrittsort des Inputs Gottes in die Welt. Wir sind die heutigen Betrachter einer Inspiration, die Ezechiel hatte und zu Papier brachte. Und wir merken: Das ist al fresco gemalt das Bild von der Kirche, das uns nahe gebracht werden soll. Kirche und Heil gehören in ähnlicher Weise zusammen wie hardware und software, wie Schalter und Strom.

Vielleicht lässt sich von dorther auch das Rätsel des Satzes „Außerhalb der Kirche kein Heil" lösen. Dieser Satz hat, seit Origenes und Cyprian ihn im 3. Jh. n. Chr. aufgestellt haben, viel Ärger verursacht. „Außerhalb der Kirche kein Heil": Das hört sich an, als ob vom Heil ausgeschlossen sei, wer der Kirche nicht angehört. Jetzt erkennen wir, dass es nicht darum geht, wer des Heils teilhaft wird, sondern darum, woher das Heil kommt. Wohin auch immer das Wasser fließt, es stammt aus der Quelle unter der Tempelschwelle. Insofern besteht der Satz durchaus zu Recht.

Es ist gar nicht so wenig, was das Wasser verunreinigt, weil die Kirche es nicht rein gehalten hat. Der ganze Schmutz der Kirchengeschichte geht mit, viel Schuld hat ihr Bad in diesem Wasser genommen, man merkt dem Wasser die große Belastung an. Das Heilwasser riecht stellenweise ziemlich übel, und es ist kein Wunder, dass viele Menschen die Nase voll davon haben.

Sie müssten Stichproben machen. Sie müssten das Wasser untersuchen. Dann würden sie feststellen, dass die Ablagerungen das Wasser nicht gekippt haben. Dann würden sie feststellen, dass das, was unter der Tempelschwelle hervorquillt, wirklich gotteshaltig ist und seine Gotteshaltigkeit trotz aller Eintrübung des Wassers nicht eingebüßt hat.

Auch in unseren Tagen und in unserem Leben bewahrheitet sich laufend das Bild von der Tempelquelle, das Ezechiel gesehen hat. Das Heil besteht nicht in der Kirche, es liegt in dem, was Gott aus der Kirche hervorbrechen lässt. „Aus dem Innersten", sagt Christus, „werden Ströme lebendigen Wassers fließen" (Joh 7,38), und mit dem Inneren der Kirche meint er sich selbst.

IV. Vision im Buch Daniel

Einführung in das Buch Daniel

Daniel (dt. „gerichtet hat Gott") ist im gleichnamigen Buch die Hauptgestalt.[1] Obwohl der Name öfters in den Schriften des Alten Testaments vorkommt (1Chr 3,1; Esra 8,2; Neh 10,7), ist die Gestalt des Propheten historisch nicht zu fassen. Das Buch Daniel ist der Prototyp eines apokalyptischen Buches im Alten Testament.[2] Die Stellung im hebräischen und griechischen Kanon ist unterschiedlich.[3] Die traditionsgeschichtlichen Wurzeln des atl. Daniel sind greifbar in der spätbronzezeitlichen Mythologie Ugarits mit der Gestalt des Königs Danilu („Gott hat Recht verschafft"), der als gerechter Richter und Inhaber magischer und mantischer Fähigkeiten dargestellt wird. Daniel ist keine historische Figur, sondern eine Idealfigur. Im aramäischen Buchteil (2,4b-7,28) ist Daniel ein unbekannter Jude unter den aus Juda Verschlepp-

---

[1] Zum Gesamtzusammenhang des Danielbuches: D. BAUER: *Das Buch Daniel*. NSK AT 22, Stuttgart 1996; E. HAAG: *Daniel*. NEB, Würzburg 1993; K. KOCH: *Daniel 1-4*. BK XXII/1, Neukirchen-Vluyn 2005; H. NIEHR: *Das Buch Daniel*. In: E. ZENGER u.a.: *Einleitung in das Alte Testament*. Stuttgart ⁷2008, S. 507-516; zum Thema Vision: A. BEHRENS: *Prophetische Visionsschilderungen im Alten Testament. Sprachliche Eigenarten, Funktion und Geschichte einer Gattung*. AOAT 292, Münster 2002, S. 314-345.

[2] In die Gattung der Apokalypsen gehören auch Jes 24-27;33.

[3] In der hebräischen Bibel steht Dan hinter dem Esterbuch, vor den Büchern Esr/Neh und Chronik. Nach dem Kanon der griechischsprachigen Diaspora von Alexandrien tritt Dan hinter Ez und vor dem Zwölfprophetenbuch (Dodekapropheton) auf. Dan wird hier zu den großen Propheten gerechnet, womit ihm auch ein höheres kanonisches Ansehen zuteil wird.

ten (2,25), eine andere Aussage zählt ihn zu den Weisen Babylons (2,13). Als Belohnung für seine Traumdeutung wird Dan mit einem hohen Amt am Königshof ausgestattet. Er wird ähnlich wie andere bedeutende Diasporajuden zum Typ des höfischen Weisen.[4]

In der Einführung und am Schluss wird die Person des Daniel mehr in die jüdische Tradition eingeordnet: Hier entstammt er dem Jerusalemer Königshaus und genießt nach seiner Deportation eine Ausbildung am babylonischen Hof. Daniel wird als Visionär endzeitlicher Ereignisse vorgestellt. Die ihm zuteil gewordenen Visionen machen ihn krank, und er versteht sie nicht. Damit rückt er vom Ideal des babylonischen Weisen ab in Richtung einer apokalyptischen Gestalt. Er erhält Einblicke in die Pläne JHWHs und wird bezeichnet als Geliebter Gottes, Schriftgelehrter und Fürbitter. Bedeutend ist die Zusage der Auferstehung für Daniel durch Gott.

Die Einleitung führt in die Zeit und das Leben Daniels und seiner Gefährten ein und verortet damit den Hauptteil der in Dan 2,4b–7,28 vorliegenden aramäischen Danielerzählungen während der Exilszeit am Königshof von Babylon. Daniel wird als Angehöriger des judäischen Königshauses vorgestellt, den die Ereignisse von 586 an den Hof des Nebukadnezzar von Babylon verschlagen haben. Daniel und seine Gefährten durchlaufen hier eine Ausbildung in Sprache und Schrift der Babylonier. Mittels der Einleitung, die der aramäischen Erzählung vorgeschaltet wurde, wird die Gestalt Daniel in die Geschichte Judas integriert und die traumdeuterische Fähigkeit mit der Ausbildung am babylonischen Hof

---

[4] Wie z.B. Josef, Nehemia, Tobit, Mordechai.

erklärt. Im Mittelpunkt des Hauptteils stehen Daniel und die Könige Nebukadnezzar und Belschazzar, die in der Form Typ – Antityp aufgebaut sind. Im Gegensatz zu Belschazzar kommt Nebukadnezzar zur Anerkennung des einzigen Gottes und seiner Herrschaft. Thema der aramäischen Erzählung ist die Aufrichtung der Königsherrschaft Gottes im Angesicht der einander ablösenden Weltherrschaften menschlicher Machthaber (Babylonier, Meder, Perser, Griechen). Alle diese Reiche haben keinen Bestand. Am Schluss der aram. Danielerzählung steht die Vision vom Menschensohn, dem eine ewig dauernde Herrschaft vom höchsten Gott übergeben wurde. Der dritte Teil hat keine konzentrische Ordnung wie der Hauptteil. Die Tiervision zeigt z.B. die Zerstörung der menschlichen Herrschaft an. Weitere Visionen von der Endzeit prägen die Schrift.

Daniel 13+14: Die Vulgata hat die in der LXX eigentlich selbständigen Schriften über die schöne Susanna, Bel und den Drachen mit dem deuterokanonischen Buch Daniel in einem Buch zusammengefasst. Der geschichtliche Kontext dieser Kapitel ist umstritten. In der LXX wird so die Sozialkritik und die Ablehnung von Ältesten als Richter ausgedrückt. Auch die Auflehnung gegen die Hasmonäerherrschaft wegen ihrer Vergewaltigung Israels (= Susanna) könnte so ins Bild gebracht sein. Das Ende des LXX-Textes kritisiert in gleicher Intention die Kollaboration der jüdischen Führungsschicht mit den Seleukiden und als Gegensatz dazu wird die vorbildliche Jugend hervorgehoben. Theodotion verlegt die Geschichte nach Babylon, nennt in der Einleitung bereits die Torafrömmigkeit der Susanna und ihrer Eltern und unterstreicht Daniels Rolle als Richter. Die Geschichte wird zu einer erbaulichen Lehrerzählung verändert, wodurch aber der historische Kontext verwischt wird.

Zum Text

Der Text ist teilweise aramäisch, hebräisch und griechisch überliefert. Dan 1-12 liegt in 1,1-2,4a und 8,1-12,13 in hebräischer und in 2,4b-7,28 in aramäischer Sprache vor. Die Zusätze in der Septuaginta (LXX) sind teilweise so unterschiedlich, dass der hebräische Text (MT) nicht als Vorlage gedient haben kann.[5]

Am Danielbuch lässt sich ein längerer Entstehungsprozess festmachen.[6] Verschiedene Theorien versuchen Entstehung zu erklären, aber es ist kein Konsens in Sicht. Zwei Extreme sind die Fragmentenhypothese, die das Werden des Danielbuchs aus ursprünglich selbständigen Einzelvorlagen erklären wollte und die Einheitshypothese, die in der Schrift eine planvoll angelegte Komposition eines makkabäischen Verfassers sah. Heute wird auch häufig die Aufstockungshypothese vertreten, die mit einem sukzessiven Anwachsen des Buchbestandes rechnet.

---

[5] Vgl. das Gebet des Asarja und den Lobgesang der drei Männer im Feuerofen 3,51-90, wohl zwischen 3,23 und 3,24 eingefügt.

[6] Z.B. durch mehrere Sprachen, Brüche, Wechsel der Erzählperspektive etc.

Durch Dan 7-12 ist die Datierung des Buches ins 2. Jh. v. Chr. anzusetzen.[7] Diese Zeit ist gekennzeichnet durch die Hellenisierung Vorderasiens durch Alexander den Großen, seiner Nachfolger und dann konkret durch Antiochus IV. Epiphanes (175-164 v. Chr.), der damit auch Palästina heimgesucht hat. Widerstände gegen die Hellenisierung der jüdischen Religion sind im Buch Daniel gut nachgezeichnet.[8]

Gliederung

Deutliche Dreiteilung nach hebräischem und aramäischem Textbestand:

1,1-2,4a:	Einleitung (hebräisch)
2,4b-7,28:	Hauptteil (aramäisch)
8,1-12,14:	Erweiterungen (hebräisch)
13+14:	Zusatz zum Danielbuch in älterer Version der LXX (griechisch)

---

[7] Zur Datierung vgl. D. BAUER: *Das Buch Daniel.* NSK AT 22, Stuttgart 1996, S. 27-29.

[8] Z.B. die Bezeichnung Gottes als „Gott des Himmels" stammt aus hell. Zeit.

Schwerpunkte der Theologie[9]

Das Buch Daniel ist ein apokalyptisches Buch; es unterscheidet sich daher von den anderen Büchern des Alten Testaments.

1. Geschichtstheologie: „Die Apokalyptik beansprucht, den der Geschichte innewohnenden Plan Gottes im Hinblick auf seine Vollendung in Gericht und Heil offen legen zu können."[10] Danielbuch: Alle Weltreiche werden scheitern, danach errichtet der „Gott des Himmels" ein unvergängliches Reich.

2. Der „Gott des Himmels": Im Danielbuch wird der Gottesname JHWH oft ersetzt durch "Gott", "Herr" und "König des Himmels". Mit dieser Bezeichnung (nachexil. Esr/Neh, Tobit, Judith etc.) überschreitet JHWH seine Beschränkung auf die israelitisch-judäische Religion und wird zum universalen Gott, dessen Herrschaft die Weltreiche aller irdischen Herrscher ablöst. Dies wird von den Makkabäern als Abfall kritisiert.

3. Herrschaftsmodell: JHWH ist der universale Gott für alle Völker, nicht mehr nur der Nationalgott Judas. „Ein Modell der Weltherrschaft wird entworfen, demzufolge alle Völker von JHWH unterstellten Fürsten bzw. Engeln regiert werden."[11] Israel z.B. steht unter der Herrschaft des Engelfürsten

---

[9] Vgl. H. NIEHR: *Das Buch Daniel.* In: E. ZENGER u.a.: *Einleitung in das Alte Testament.* Stuttgart ⁷2008, S. 512-514.

[10] H. NIEHR: *Das Buch Daniel.* In: E. ZENGER u.a.: *Einleitung in das Alte Testament.* Stuttgart ⁷2008, S. 512.

[11] Ebd. S. 513.

Michael (10.13.21; 12,1). Auch der Menschensohn, dem JHWH die Herrschaft auf ewig übergibt (Dan 7), ist einer dieser Völkerengel. Die Heiligen sind Mitglieder des himmlischen Thronrates Gottes. Ausgeweitet wird dieses Herrschaftsmodell der Mitglieder des himmlischen Thronrates auf die JHWH-treuen Juden, denen nach Dan 7 zusammen mit dem Menschensohn die Herrschaft übergeben werden soll.

4. Auferstehung: Dan 12 stellt zusammen mit den Annäherungen aus den Makkabäerbüchern und dem Buch der Weisheit das einzige atl. Zeugnis für eine Möglichkeit der Auferstehung dar. Die JHWH-treuen Israeliten (vgl. Dan 12,1-4.13) „werden nach ihrem Tod zu einem ewigen Leben auferstehen, während allen anderen ewige Schande angedroht wird."[12]

Im Danielbuch vereinen sich Apokalyptik und prophetische Vision. Die Vision unterscheidet sich zwar formal nicht von den anderen Visionen, inhaltlich aber nimmt sie ein apokalyptisches Gepräge an. Im Danielbuch liegen die jüngsten Visionsschilderungen im AT vor.

---

[12] H. NIEHR: *Das Buch Daniel*. In: E. ZENGER u.a.: *Einleitung in das Alte Testament*. Stuttgart ⁷2008, S. 513.

„Wer zuletzt lacht..."

Otto Wahl

Text: Daniel 7,1-14

7,1 Im ersten Jahr Belschazzars, des Königs von Babel, hatte Daniel einen Traum; auf seinem Lager hatte er eine Vision. Er schrieb den Traum auf, und sein Bericht hat folgenden Inhalt:
2 Ich hatte während der Nacht eine Vision: Die vier Winde des Himmels wühlten das große Meer auf.
3 Dann stiegen aus dem Meer vier große Tiere herauf; jedes hatte eine andere Gestalt.
4 Das erste war einem Löwen ähnlich, hatte jedoch Adlerflügel. Während ich es betrachtete, wurden ihm die Flügel ausgerissen; es wurde vom Boden emporgehoben und wie ein Mensch auf zwei Füße gestellt, und es wurde ihm ein menschliches Herz gegeben.
5 Dann erschien ein zweites Tier; es glich einem Bären und war nach einer Seite hin aufgerichtet. Es hielt drei Rippen zwischen den Zähnen in seinem Maul, und man ermunterte es: Auf, friss noch viel mehr Fleisch!
6 Danach sah ich ein anderes Tier; es glich einem Panther, hatte aber auf dem Rücken vier Flügel, wie die Flügel eines Vogels; auch hatte das Tier vier Köpfe; ihm wurde die Macht eines Herrschers verliehen.
7 Danach sah ich in meinen nächtlichen Visionen ein viertes Tier; es war furchtbar und schrecklich anzusehen und sehr stark; es hatte große Zähne aus Eisen. Es fraß und zermalmte alles, und was übrig blieb, zertrat es mit den Füßen. Von den anderen Tieren war es völlig verschieden. Auch hatte es zehn Hörner.

8 Als ich die Hörner betrachtete, da wuchs zwischen ihnen ein anderes, kleineres Horn empor, und vor ihm wurden drei von den früheren Hörnern ausgerissen; und an diesem Horn waren Augen wie Menschenaugen und ein Maul, das anmaßend redete.
9 Ich sah immer noch hin; da wurden Throne aufgestellt, und ein Hochbetagter nahm Platz. Sein Gewand war weiß wie Schnee, sein Haar wie reine Wolle. Feuerflammen waren sein Thron, und dessen Räder waren loderndes Feuer.
10 Ein Strom von Feuer ging von ihm aus. Tausendmal Tausende dienten ihm, zehntausendmal Zehntausende standen vor ihm. Das Gericht nahm Platz, und es wurden Bücher aufgeschlagen.
11 Ich sah immer noch hin, bis das Tier – wegen der anmaßenden Worte, die das Horn redete – getötet wurde. Sein Körper wurde dem Feuer übergeben und vernichtet.
12 Auch den anderen Tieren wurde die Herrschaft genommen. Doch ließ man ihnen das Leben bis zu einer bestimmten Frist.
13 Immer noch hatte ich die nächtlichen Visionen: Da kam mit den Wolken des Himmels einer wie ein Menschensohn. Er gelangte bis zu dem Hochbetagten und wurde vor ihn geführt.
14 Ihm wurden Herrschaft, Würde und Königtum gegeben. Alle Völker, Nationen und Sprachen müssen ihm dienen. Seine Herrschaft ist eine ewige, unvergängliche Herrschaft. Sein Reich geht niemals unter.

Vergegenwärtigung

Am romanischen Nordportal des Bamberger Doms ist das Jüngste Gericht dargestellt. Die Geretteten lachen dort geradezu unverschämt über ihr Glück und zugleich über all das, was ihnen im Leben nicht gelungen ist, oder was sie an Leid und Unrecht erfahren mussten. Sie orientieren sich dabei an ihrem Rettergott, von dem Ps 2,4 sagt: „Doch er, der im Himmel thront, lacht, der Herr verspottet die Könige und Großen der Erde". Sie halten sich mit ihrem Lachen über die Feinde ihres Heils an das alte Sprichwort: „Wer zuletzt lacht, lacht am besten". Als Erlöste bekennen sie jubelnd mit dem Beter von Ps 30: „Du, Herr, hast mein Klagen in Tanzen verwandelt und hast mich mit Freude umgürtet" (V. 12). Sie haben die Zuverlässigkeit des Wortes Jesu erfahren: „Selig, die ihr jetzt weint, denn ihr werdet lachen" (Lk 6,21). Trotz allem Negativen in der Welt wird deutlich: „Unser Glaube enthält eine absolut revolutionäre, befreiende, lebensbejahende Botschaft: Gott ist wirklicher als die Welt" (Wim Wenders).

Das zwanzigste Jahrhundert, das auf seinen Fortschritt so stolz war, geht wohl in die Geschichte ein als das Zeitalter mit den meisten blutigen Vernichtungskriegen und von weltweiter Gewalttat mit vielen Millionen Ermordeter, Vertriebener, Gedemütigter und in bitterste Not Gestürzter. Die großen Weltmächte Kommunismus, Nationalsozialismus und viele andere, noch heute die Menschen plagenden Unrechtsregime wetteiferten gleichsam darin, wer am meisten Verbrechen gegen die Menschlichkeit begehen und am schamlosesten die Menschenrechte mit Füßen treten könne.

Die so bis aufs Blut gepeinigten Völker stellen dann die bange Frage, ob das immer so bleiben müsse, oder ob nicht doch irgendwann endlich einmal eine Zeit anbrechen würde, in der die scheinbar unbesiegbaren Unterdrücker ein für allemal entmachtet werden und alle Menschen in Frieden und Freiheit leben können. Der Irrglaube der Neuzeit, die Welt könne durch allgemeine Schulbildung und höheren Lebensstandard automatisch die alle Menschen umfassende Befreiung aus dem tödlichen Teufelskreis von Unrecht und Gewalttat herbeiführen, hat sich bis zur Stunde als eine schöne Illusion erwiesen. Die großen Religionen dagegen halten Ausschau nach möglicher Rettung und Hilfe, die sie für unsere so vielfach gestörte Welt nur noch aus dem Bereich des Göttlichen erwarten. Ist diese Hoffnung aber nur ein schöner Wunschtraum, der uns nur zu noch größerer Enttäuschung führen muss, oder bleibt ein göttliches Eingreifen eben doch der einzige Ausweg für die Rettung der verzweifelnden Menschheit? Die Position unseres Glaubens umschreibt Norbert Lohfink so: „Wenn es eine christliche Hoffnung gibt, dann die, dass anstelle der korrupten Gesellschaft dieser Welt endlich die uns befreiende Gottesherrschaft treten wird."

Das alte Gottesvolk Israel hielt aufgrund seines Glaubens an den Befreiergott Jahwe und aufgrund seiner guten Erfahrungen in der Geschichte mit seinem zuverlässigen Bundespartner daran fest und brachte diese Hoffnung auch in verschiedener Weise in seinen heiligen Schriften zum Ausdruck. So entstanden in der Bibel – wovon wir Gläubigen überzeugt sind, als Wort des wahren Gottes – apokalyptische Texte, wie sie am umfangreichsten im Buch Daniel zusammengestellt sind. Solche Bibelabschnitte zeigen den verunsicherten Gläubigen, dass Gott „am Ende der Tage" als die allein rettende Macht in der Welt alle scheinbar unbesiegbaren Unrechtsmächte einfach wegfegen und an ihrer Stelle die alles umfassende und befreiende Königsherrschaft Gottes machtvoll heraufführen wird. Um das Eintreten dieser ersehnten großen Wende in der Menschheitsgeschichte beten die Unterdrückten des alten wie des neuen Gottesvolkes nunmehr schon seit Jahrtausenden. So appellieren auch wir seit zweitausend Jahren an unseren Gott mit den apokalyptisch gefärbten, eindringlichen Bitten des Vaterunsers: „Dein Reich komme (endlich)! Erlöse uns (endlich) von dem Übel!"

Die apokalyptischen Abschnitte der Bibel malen als Trost für die verfolgten Gläubigen die von Gott herbeigeführte Endzeit mit grellen Farben: Erschütterung aller Kräfte der Schöpfung, Finsternis und Naturkatastrophen, Zerbrechen aller irdischen Sicherheiten sowie Anbruch der neuen Zeit, des neuen Himmels und der neuen Erde. Dabei erfahren die Menschen als positives Ziel des Ganzen: „Wo Gott sich durchsetzt, da wird das wahre Menschsein freigesetzt" (Norbert Lohfink).

Das Kapitel 7 des Buches Daniel, in seiner jetzigen Gestalt auf älteren Schichten aufbauend, entstand in der Zeit der blutigen Verfolgung der gläubigen Juden durch den gottlosen griechischen König Antiochus IV. Epiphanes (175-164 v. Chr.). Darin wird den bis ins Letzte angefochtenen Gläubigen das Ende aller gott- und menschenfeindlichen Weltmächte vorausgesagt. Diese werden, nachdem alle menschlichen Größen auch in Israel versagt haben, durch das von oben her in die Welt einbrechende Gottesreich entmachtet und vernichtet. Die Zusammenfassung des Bösen wird in der Schau Daniels in einem dramatisch bewegten Bild durch vier furchtbar anzuschauende Tiere dargestellt. Diese steigen aus dem Chaosmeer auf und treten die Menschenrechte mit Füßen. Die durch die Tiere repräsentierten vier Reiche, die in der Zeit vor Christus herrschenden Weltmächte der Babylonier, Meder, Perser und Griechen, bedeuten mit ihrer Vierzahl die Gesamtheit der menschenverachtenden Weltmächte aller Zeiten. Die genaue Beschreibung der furchtbar anzusehenden vier Tiere zeigt auch auf, dass das Treiben der Weltmacht immer brutaler und unmenschlicher wird. Entsprechend wird auch das Schreien der Unterdrückten zu ihrem Gott um Rettung immer lauter. Gott antwortet dann am Ende der Tage auf alles, was in der Menschheitsgeschichte schief gelaufen ist, mit seinem machtvollen Erscheinen zum Gericht. Gott, „der Hochbetagte" (V. 9), thront als der Weltenherrscher inmitten seines Hofstaats von zehntausendmal Zehntausenden, umgeben von loderndem Flammen und von einem Feuerstrom. In den Gerichtsbüchern, die dann aufgeschlagen werden, war die Entmachtung der vier Tiere schon seit Ewigkeit festgelegt. Der Repräsentant des sich durchsetzenden Gottesreichs und der großen Befreiung, „einer wie ein Menschensohn, kommt dann mit den Wolken des Himmels" (V. 13). Ihm werden von Gott „Herrschaft, Würde und Königtum gegeben. Seine Herrschaft ist eine ewige, unvergängliche Herrschaft. Sein Reich geht niemals unter" (V. 14).

Wie in den Apokalypsen üblich, versteht der Seher, Daniel, das Geschaute von den vier Tieren nicht und muss es sich daher von einem Engel deuten lassen. Dabei geht dieser vor allem auf das vierte Tier ein. Gemeint ist damit der gottlose Antiochus IV. mit seinem anmaßend redenden Maul. Er kämpft gegen die Heiligen, d.h. die gläubigen Juden. Er lästert auch gegen den Höchsten, ändert die Festzeiten und das Gesetz Gottes und maßt sich göttliche Allmacht an. Aber durch Gottes rettendes Eingreifen im Gericht wird diesem hochmütigen Gegenspieler Gottes seine Macht genommen; er selbst wird endgültig vernichtet. Dann „werden Herrschaft und Macht und Herrlichkeit dem Volk der Heiligen des Höchsten gegeben" (V. 27). Diesem jetzt noch geplagten Volk der Gläubigen, das hier in der Deutung zusammengesehen wird mit dem Menschensohn der Vision, verheißt Gott, womit auch Jesus die Seinen tröstet: „Fürchte dich nicht, du kleine Herde! Denn euer Vater hat beschlossen, euch das Reich zu geben" (Lk 12,32).

Diese Trostbotschaft von der sicheren Entmachtung der gott- und menschenfeindlichen Weltmächte und von der Befreiung der Menschen durch die mit Christus in unsere Welt gekommene Königsherrschaft Gottes erzählt die Bibel in verschiedenen Varianten. So z.B. in Dan 2, wo die Weltmacht als ein riesiges Standbild aus Gold, Silber, Bronze und Eisen dargestellt wird; ein kleiner Stein, Symbol für das Reich Gottes, schlägt an das Standbild, das auf tönernen Füßen steht, und zermalmt es; der kleine Stein aber wächst dann heran zum alle Welt umfassenden ewigen Gottesreich. Die Botschaft aller solcher Texte lautet: Die Sache Gottes wird sich durchsetzen und wird die Herrschaft der Unheilsmächte, deren Tage gezählt sind, wie vom Wind verwehte Spreu wegfegen. Gott wird zum Heil der Menschen das letzte Wort in der Geschichte haben mit seinem alles umfassenden, ewigen Friedensreich. Bischof Leo Nowak nennt das, was Gott uns sagen will, so: „Wir Christen haben eine Botschaft. Eine Botschaft vom Leben: Das Leben ist unbesiegbar. Das Leben hat Zukunft. Die Welt kann aufatmen". Dann erfüllt sich die Verheißung Gottes für alle Völker: „Er beseitigt den Tod für immer. Gott, der Herr, wischt die Tränen ab von jedem Gesicht" (Jes 25,8). In der Offenbarung des Johannes erklingt daher der Jubel der Erlösten, wie ihn die Kirche schon vorwegnehmend in ihrer Liturgie besingt: „Halleluja! Das Heil und die Herrlichkeit und die Macht sind bei unserem Gott. Denn König geworden ist der Herr, unser Gott, der Herrscher über die ganze Schöpfung" (19,1.6). Auch wir stellen uns in dieser Zeitlichkeit die bange Frage, ob diese Verheißung nur ein schöner Wunschtraum ist, der einfach die andere Tatsache nicht wahrhaben will, „dass die Sache Gottes zu allen Zeiten wie im Todeskampf liegt" (Kardinal John Henry Newman). Das Letzte aber wird der Sieg Gottes sein: Daher kannte die Barockzeit den etwas anstößigen Brauch des risus paschalis, des österlichen Lachens über die Überwindung Satans und aller Mächte des Bösen durch den Auferstandenen. Der Prediger musste im Ostergottesdienst so lange deftige Witze erzählen, bis die ganze Gemeinde in ein lautes österliches Lachen als Ausdruck der Freude über die Entmachtung des Todes und des Bösen in der Welt ausbrach. Damit soll deutlich gemacht werden: Seit Ostern haben wir allen Grund zur Freude, weil Gott uns an der großen Befreiung der Welt, am Sieg Christi, jetzt schon Anteil gegeben hat. Dieser Sieg ist für uns das Unterpfand der kommenden bleibenden Freude, für die Gott uns seit Ewigkeit bestimmt hat.

V. Visionen im Buch Amos

Einführung in das Buch Amos

Der Prophet Amos (dt. „der [von JHWH] Getragene") ist der früheste Vertreter der Schriftprophetie.[1] Er wirkte um 760 im Nordreich, in den Städten Samaria und Bet-El als Gerichtsprophet.[2] Als Maulbeer- und Viehzüchter hatte er es zu einem Wohlstand gebracht, der ihn unabhängig und selbstbewusst machte. Er gehörte keinem Tempel, Hof- oder Prophetenzirkel an. Durch ihn spricht „der brüllende Löwe" JHWH selbst (Am 3). In Amos kämpft JHWH für sein Volk und für den Traum einer menschenfreundlichen Gesellschaft, „als deren Parameter die Lebensumstände der Kleinbauern und der Armen zu gelten haben". Der Ausbau Israels zieht ein soziales Gefälle nach sich. Die Abgaben und Fronarbeit der Bauern, die durch Unwetter oder Dürren nur mit Kredit oder Schuldknechtschaft überleben, werden für das Überleben zu hoch. Die wohlhabende Gesellschaftsschicht nutzt die rechtlichen Möglichkeiten zur Vergrößerung ihrer Mittel (indirekt dann auch zur Unterdrückung!) und öffnet damit die Schere zwischen arm und reich.

---

[1] Zum Gesamtzusammenhang: H. W. WOLFF: *Joel, Amos.* BK, XIV/2, Neukirchen-Vluyn, ²1975; A. DEISSLER: *Zwölf Propheten I: Hosea, Joel, Amos.* NEB, Würzburg 1981; J. JEREMIAS: *Der Prophet Amos.* ATD 24/2, Göttingen 1995; G. FLEISCHER: *Das Buch Amos.* NSK AT, 23/2, Stuttgart 2001. Ein neues Modell zur Entstehung des Zwölfprophetenbuches legt vor: J. WÖHRLE: *Der Abschluss des Zwölfprophetenbuches. Buchübergreifende Redaktionsprozesse in den späten Sammlungen.* BZAW 389, Berlin 2008, bes. S. 439-446.

[2] Vgl. E. ZENGER: *Das Buch Amos.* In: DERS., u.a.: *Einleitung in das Alte Testament.* Stuttgart ⁷2008, S. 533-543.

Zum Text

Im Unterschied zur früheren Forschung wird heute von einem geringen Anteil authentischer Amos-Worte ausgegangen. Es handelt sich um eine gezielte literarische Arbeit, die das Wirken des Amos zeitlich und lokal systematisiert und in ein theologisches Programm bringt.

Meist wird angenommen, dass die strophisch gestalteten Zyklen 1-2 und 7-9 in ihrem Grundbestand auf den gleichen Verfasserkreis zurückgehen und sich gegenseitig auslegen sollen.

In den Visionen ist wohl am ehesten der historische und biographische Amos zu greifen. Dagegen geht Am 3-6 wohl auf einen anderen Verfasserkreis zurück, da in den beiden Zyklen das so wichtige Bild von der Ernte als Gericht fehlt sowie umgekehrt die in Am 3-6 starke Konzentration auf die Schuld Samarias in den Zyklen fehlt. Grundsätzlich ist die literarische Komposition anders, als in den Texten des Propheten selbst.[3]

Die Völkersprüche in Am 1-2; 3-6; 7-9 wurden wahrscheinlich im Südreich nach dem Untergang des Nordreichs, die Kombination Am 1-2.7-9 evtl. schon vor 722 v. Chr. literarisch fixiert.

Am 9,7-15 stammt wohl erst aus exilischer bzw. nachexilischer Zeit. Die Heilszusagen in Am 9,11-15 lassen sich nur

---

[3] Vgl.: J. WÖHRLE: *Der Abschluss des Zwölfprophetenbuches. Buchübergreifende Redaktionsprozesse in den späten Sammlungen.* BZAW 389, Berlin 2008, bes. S. 439.

schwer mit der vorexilischen Zeit verbinden.[4] Dieser Teil entspricht der auch in anderen Büchern anzutreffenden heilseschatologischen Fortschreibungstechnik, die JHWH als den das Leben schöpfenden, fördernden und erhaltenden Gott darstellt. Am 1,1-9,6 wurde dann nochmals im Exil redaktionell bearbeitet.

Gliederung

Nach der Überschrift 1,1 lassen sich vier weitere Teile unterscheiden:

1,2-2,16   Völkerspruchzyklus

Ein Gedicht mit acht Strophen gegen sechs Nachbarvölker und gegen die in Juda und Israel begangenen Menschrechtsverletzungen folgert, dass JHWH dieses Unrecht nicht hinnehmen wird. Das Gedicht ist nach dem Schema *unendlich+1* (hier 7+1) klimaktisch auf Israel angelegt. Der Schuldaufweis nennt vier Vergehen gegen Arme in Israel: 1) Verkauf von Schuldsklaven in die Sklaverei, 2) Rechtsbeugung, 3) sexueller Missbrauch 4) Missbrauch von Pfändungen.

3,1-6,14   Unheilsworte gegen Israel

Die Zusammenstellung von anklagenden Worten und der daraus resultierenden Gerichtsankündigung gegen verschiedene Gruppen in Israel kann

---

[4] Z.B. aufgrund der Themen: zerfallene Hütte Davids, Rest Edoms usw.

man in 2 Teile aufgliedern: 3+4 sowie 5+6 (Höraufrufe 3,1 und 5,1). Innerhalb der Teile 5 und 6 heben sich drei Abschnitte hervor: a) 5,1-17 ist kunstvoll komponiert (Ringkomposition um die hymnische Gottesprädikation 5,8-9, Schema: A B C D C′ B′ C′); b) 5,18-27 (ABCD) und c) 6,1-14 (ABCD) sind parallel komponiert. Diese drei Abschnitte beklagen das Fehlen von Recht und Gerechtigkeit im Hause Israel. Die drei Gewalten Tor (Gericht), Tempel (sakrale und moralische Macht) und Königspalast (Staatsmacht) als „Haus des Rechts" versagen, rufen aber jeweils am Ende zur Umkehr in letzter Minute auf. Die Gottesprädikation von 5,17 kehrt in 5,27 und 6,14 wieder. JHWH fordert Recht und Gerechtigkeit, nicht aus Rache, sondern aus der Intention *Recht und Gerechtigkeit für alle*.

7,1-9,6   Zyklus der 5 Visionen

Die Visionen 1+2 und 3+4 bilden jeweils Paare mit der 5. Vision als Klimax. Die 3. Vision zeigt JHWH auf der Stadtmauer, der die Stadt mit seinem Gericht heimsuchen will. In der 4. Vision hält JHWH einen Erntekorb bereit, der zum Füllen mit den reifen, d.h. gerechten Menschen aus dem Volk bereit steht. Die 5. Vision zeigt schließlich auf den Altar, auf dem Adonaj steht, der das Gericht ankündigt.

An die Visionen 3-5 folgen kommentierende Anhänge, die eine theologische Vertiefung geben

(Bsp. Amos und Amazja 7,10-17 liefert die Begründung für die in 7,9 angekündigte Zerstörung der Heiligtümer.)

9,7-15 Heilsworte für Gesamtisrael
Sie sind als direkte Gottesworte gestaltet. Das Ende der Amos-Schrift bietet ein heilseschatologisches Finale.

Schwerpunkte der Theologie[5]

Völkerspruchzyklus (Teil 1) und Visionenzyklus (Teil 3): Diese Zyklen sollen die Schwere der in Israel begangenen Verbrechen und das daraus unausweichliche Eingreifen JHWHs betonen: In Israel wird Krieg gegen die Armen geführt (Teil 1), deshalb wird JHWH Krieg führen gegen die Unterdrücker (Teil 3).

Teil 2 liefert die Begründung des in Teil 1+3 verkündeten Gottesgerichts und den Ruf zur Umkehr, der die Armen und auch Unterdrücker retten will. Am 4,12 stellt eine dialektische Vision von der Begegnung mit JHWH („Mach dich bereit deinem Gott zu begegnen, Israel") dar. Das Hauptmerkmal der Prophetie des Amosbuches ist die Botschaft vom kommenden Gott, der sein Volk retten will, durch Umkehr oder auch Gericht.

---

[5] Vgl. E. ZENGER: *Das Buch Amos.* In: DERS., u.a.: *Einleitung in das Alte Testament.* Stuttgart [7]2008, S. 542f.

Teil 4 „wiederholt und konkretisiert die Gottesbotschaft im Rückblick auf das im Untergang des Nordreiches (722 v. Chr.) und der Zerstörung Jerusalems (586 v. Chr.) erlittene Gericht."[6] Dieser Teil deutet die Katastrophen als Läuterungsprozess, der nicht die Vernichtung, sondern die Rettung der Gottesidee Israels zum Ziel hatte. Teil 4 verkündigt das spannungsreiche Gottesbild Israels: JHWH nimmt das Böse in der Gesellschaft nicht hin, sondern bekämpft es als gott- und menschenwidrig. Ihm geht es in der Geschichte mit seinem Volk letztlich darum, dass die Menschen die Gaben der Schöpfung, den Ertrag der Arbeit und ihres Lebens in Frieden gemeinsam genießen können.

Theologisch-politisches Programm
Die Wirklichkeit JHWHs entscheidet sich an der Umsetzung seiner Weisungen im Zusammenleben der Menschen, d.h. die Praxis der gesellschaftlichen Solidarität mit den Schwachen ist der biblische Offenbarungserweis. Das Buch Amos hält an der Kritik und Vision der Utopie der biblisch bezeugten Anfänge Israels fest.[7] Die Verwirklichung von Recht und Gerechtigkeit ist der gelebte Gottesbund. Daran müssen sich alle Menschen in ihrem eigenen Leben messen lassen.

---

[6] E. ZENGER: *Das Buch Amos*. In: DERS., u.a.: *Einleitung in das Alte Testament*. Stuttgart⁷2008, S. 542.

[7] Vgl. ebd. S. 543.

Gottes Gericht
bereitet für das neue Heil vor

Otto Wahl

Ein Überblick zu den Visionen in Amos

Zu keiner Zeit haben es die Propheten leicht gehabt, wenn sie im Auftrag ihres Gottes den Menschen die Wahrheit verkünden mussten.[1] Da nimmt es nicht wunder, dass die von Gott so in seinen Dienst Genommenen angesichts des ihnen drohenden Prophetenschicksals, Ablehnung und Verfolgung bis aufs Blut, wie Jona oder Jeremia sich zunächst diesem undankbaren Geschäft zu entziehen suchten. Der um 750 v. Chr. im Nordreich als Sprecher für Gott wirkende Amos, kein Fachtheologe, sondern ein charismatisch berufener Vieh- und Maulbeerfeigenbaumzüchter aus dem Südreich, erklärt seinen Zuhörern in einem Bildwort, warum er diesen gefährlichen Job eines Gerichtspredigers Gottes trotz-dem übernehmen musste: „Der Löwe brüllt – wer fürchtet sich nicht? Gott, der Herr, spricht – wer wird da nicht zum Propheten" (3,8)?

Wenn es Israel in Notzeiten schlecht geht, mussten die Propheten dem Volk im Namen Gottes Worte des Trostes verkünden. Sie versicherten, dass Jahwe in seiner Treue ganz sicher das Geschick seines Volkes wieder wenden wird. Zumeist sind aber die in ihrer Notsituation Angesprochenen gar nicht mehr in der Lage, dieser Botschaft zu glauben. In

---

[1] Zum zugehörigen Text s. die Abschnitte unten.

der umgekehrten Situation war aber das Leben der Propheten dann sehr viel mehr gefährdet, wenn sie in Zeiten äußerer Sicherheit wegen des Fehlverhaltens Israels diesem auf allen Gebieten der Gesellschaft Gericht und Untergang ankündigen mussten. Dann riskierten sie Verfolgung, ja den Tod vonseiten der herrschenden Schichten des Volkes. Gott wirft diesen dann anklagend vor: „Den Propheten habt ihr befohlen: Ihr dürft nicht mehr als Propheten auftreten" (2,12). So versucht auch Amazja, der Priester von Bet-El, Amos zum Schweigen bringen: „Diese Worte sind unerträglich für das Land. Tritt nicht als Prophet gegen Israel auf" (7,10.16)! Gott selbst war es aber, der Amos, „von seiner Herde weggeholt hat" (7,15). Er befahl ihm: „Geh und rede als Prophet zu meinem Volk Israel!" Wie zu allen Zeiten galt auch für ihn: „Man muss Gott mehr gehorchen als den Menschen" (Apg 5,29). Dass Gott hier „mein Volk Israel" sagt, – es ist die halbe Bundesformel „Ich, euer Gott – ihr, mein Volk" – macht deutlich, dass Gott sehr viel an der Umkehr seines Bundesvolkes liegt, weil er die Seinen doch vor dem sicheren Untergang bewahren will.

Als Amos, der Bauer aus dem Südreich Juda, ab 750 im Nordreich Israel predigte, herrschte in der großen Politik des Vorderen Orients gerade relative Ruhe. Eine Art Wirtschaftswunder bescherte damals auch, mindestens der Oberschicht des Landes im Nord- wie im Südreich, einen beachtlichen Wohlstand. Dieser ging allerdings dann auf Kosten der kleinen Leute. Gegen das große soziale Gefälle zu Ungunsten der Armen und gegen deren Unterdrückung protestiert Gott durch seine Propheten. Einer solchen Gesellschaft, welche die Armen ausbeutet und zulässt, dass das Recht zugunsten der Reichen gebeugt wird, sagt Gott durch seine Propheten den baldigen Untergang voraus.

Ein weiteres großes Thema der prophetischen Kritik des Amos, das er mit anderen Propheten wie Hosea und Jesaja gemeinsam hat, ist der veräußerlichte Kult, der trotz allen äußeren Funktionierens der öffentlichen Gottesverehrung im Widerspruch zur herrschenden Ungerechtigkeit steht und deshalb vor Gott wertlos ist. Durch den Propheten erklärt er dem Volk zum Unmut der Regierenden: „Ich hasse eure Feste, ich verabscheue sie und kann eure Feiern nicht riechen" (5,21).

So eilt das Nordreich Israel rasch seinem Verderben entgegen. Das bedeutet konkret die Vernichtung des Staats und die Wegführung der Menschen aus ihrem Land durch die Assyrer im Jahr 722. Die Hoffnung der Menschen in Israel klammerte sich zwar an die verbreitete Vorstellung des Volkes vom Tag des Herrn, von dem sie den Untergang der heidnischen Großreiche und den Übergang der Weltherrschaft auf Israel erwarteten. Aber Amos muss wie auch die anderen Propheten bei seinen selbstsicheren Zuhörern eine solche Hoffnung unerbittlich als große Selbsttäuschung entlarven: „Ja, Finsternis ist der Tag des Herrn, nicht Licht; ohne Helligkeit ist er und dunkel" (5,20). Bitter beklagt sich Gott durch den Propheten über die Undankbarkeit seines Volkes, welches das Hinhören auf sein Wort verweigert: „Ich bin es gewesen, der euch aus Ägypten heraufgeführt und euch vierzig Jahre durch die Wüste geleitet hat. Nur euch habe ich erwählt aus allen Stämmen der Erde, darum ziehe ich euch zur Rechenschaft für alle eure Vergehen" (2,10; 3,2).

Im Abschnitt 1,3-2,16 zählt Amos dann das sündige Verhalten der Nachbarstaaten und des Südreichs Juda auf, was die Leute von Samaria gern hören. Zuletzt aber nennt er gleichsam als Höhepunkt der menschlichen Verderbtheit die Verbrechen des Nordreichs Israel (2,6-16). Darauf muss Gott mit dem Gericht über Samaria antworten, wie es in 3,9-15 beschrieben ist. Darin auch kommt seine bittere Enttäuschung über die Verstockung seines Volkes zum Ausdruck.

In fünf kurzen Visionen mit ihren eindringlichen Bildern wird die unaufhaltbare Katastrophe angekündigt. Die beiden ersten Visionen (7,1-3: Eine verheerende Heuschreckenplage vertilgt die ganze Ernte; 7,4-6: Eine vernichtende Dürre verbrennt alles im Land;) haben noch einen positiven Ausgang. Der Prophet kann, wie es seine Aufgabe ist, durch sein fürbittendes Eintreten das von Gott angedrohte Gericht gerade nochmals abwenden: „Da rief ich: Gott, mein Herr! Vergib doch! Was soll denn aus Jakob werden? Es ist ja so klein" (V. 3.6)! Die Antwort Gottes auf die Fürsprache des Propheten lautet dann beide Mal: „Da reute es den Herrn, und er sagte: Es soll nicht geschehen" (ebd.). In den folgenden Visionen, wobei die fünfte 9,1-6 deutlich länger als die anderen ist und wohl nachträglich erweitert wurde, macht aber Gott deutlich, dass seine Geduld mit dem verstockten Volk zu Ende ist, und dass er sein Volk nun den selbstgewählten Weg ins Verderben gehen lässt. Die letzten drei der fünf Visionen, welche die Unausweichlichkeit der Katastrophe ankündigen, sind folgende: 7,7-9: Das Senkblei zeigt an, dass die Mauer – ein Bild für Israel – ganz sicher einstürzen wird; 8,1-3: Die frisch geernteten Feigen weisen in einem hebräischen Wortspiel auf die Zeit der Ernte (qais) und auf das Ende (qes) des Friedens für das dem Untergang geweihte Volk hin; 9,1-5: Gott verfügt die Zerstörung des Tempels und die Tötung der Schuldigen im Volk. Anders als nach den beiden ersten Visionen erklärt Gott jetzt, dass sein Zorn unerbittlich gegen sein Volk entbrannt ist: „Ich verschone es nicht noch einmal" (7,8; 8,2). „Ich habe meine Augen auf sie gerichtet zu ihrem Unheil, nicht zu ihrem Glück" (9,4). Der Zorn Gottes meint aber in der Bibel nicht ein blindes Zuschlagen, sondern bedeutet Gottes Leidenschaft zur Durchsetzung des Rechts und zur Rettung der Unterdrückten. Das Volk jedoch schlägt alle Warnungen Gottes in den Wind. Der einzige Weg zur Rettung bestünde in ihrer Umkehr. Wie diese aussehen müsste, sagt Amos in 5,15: „Hasst das Böse, liebt das Gute, und bringt bei Gericht das Recht zu Geltung! Vielleicht ist der Herr, der Gott der Heere, dem Rest Josefs dann gnädig". Aber Gott muss fünfmal als enttäuschendes Ergebnis all seiner Warnreden und Strafandrohungen durch den Propheten resigniert feststellen: „Und dennoch seid ihr nicht umgekehrt" (4,6.8.9.10.11). Daher bricht das Unheil über Samaria herein: „Israels Heiligtümer werden zerstört" (7,9); „alles ist voller Leichen, überall wirft man sie hin" (8,3); „keiner kann entfliehen, keiner entrinnt, keiner entkommt" (9,1). So muss Amos mit blutendem Herzen den Bewohnern des Nordreichs den unaufhaltbaren Untergang ankündigen: „Das Fest der Faulenzer ist nun vorbei" (6,7).

Der Untergang Samarias im Jahr 722 mit dem Verlust der alten Heilsgüter Volk und Land erweist sich für Israel als eine verheerende Katastrophe. Das Verschwinden der zehn Nordstämme in der assyrischen Gefangenschaft und das Ende der Einheit des Gottesvolkes ist eine offene Wunde, die bis heute noch nicht verheilt ist. Trotzdem müssen die Propheten in den folgenden Jahrzehnten der exilisch-nachexilischen Zeit, als das Gericht über Israel eingetreten war, dem am Boden zerstörten Volk im Namen Gottes feierlich verkünden, dass diese Katastrophen nicht das Ende des Heilswirkens Gottes zugunsten seines Volkes bedeuten. Vielmehr lässt Gott durch seine Propheten versichern: „Er, der Israel zerstreut hat, wird es auch sammeln und hüten wie ein Hirt seine Herde" (Jer 31,10). Deshalb verkünden spätere Propheten nach dem Untergang Samarias 722 und Jerusalems 586, als sie die Predigten des Amos aus dem 8. Jh. zusammenstellten, den sicheren Neuanfang Gottes mit seinem Volk. Sie lesen die alten prophetischen Texte neu und aktualisieren sie für ihre Gegenwart. Sie fügen in die prophetischen Schriften neue tröstliche Zusagen Gottes ein. So geschieht es auch am Ende des Buches Amos mit dem Abschnitt „Die Verheißung des künftigen Heils" (9,11-15). Solche Erweiterungen des Textes machen so deutlich, wie es alle Prophetenschriften als das letzte Wort Gottes versichern, dass er es nicht aushält, an seinem Zorn gegen sein Volk für immer festzuhalten und dessen Untergang einfach mit anzusehen. So steht im Schlussabschnitt Amos Kapitel 9 die Zusage Gottes: „An jenem Tag richte ich die zerfallene Hütte Davids wieder auf, ich richte ihre Trümmer auf und stelle alles wieder her wie in den Tagen der Vorzeit. Dann wende ich das Geschick meines Volkes Israel. Und ich pflanze sie ein in ihrem Land, und nie mehr werden sie ausgerissen aus ihrem Land, das ich ihnen gegeben habe, spricht der Herr, dein Gott" (9,11.14f). So eindringlich Gott durch seine Propheten dem Volk einst seine Sünden vorhalten musste und sie dann auch ihrem selbstverschuldeten Verderben überließ, so sehr muss er doch letztlich um seiner Bundestreue willen den Seinen die Schuld vergeben und ihnen einen neuen Anfang schenken. So verkündet das Buch Micha: „Gott hält nicht für immer fest an seinem Zorn, denn er liebt es, gnädig zu sein. Er wird wieder Erbarmen haben mit uns und unsere Schuld zertreten. Ja, du wirfst all unsere Sünden in die Tiefe des Meeres hinab" (7,18f).

Darin erkennen wir im Nachhinein den Sinn des vielen Negativen im Leben Israels und auch der Kirche: Gott bereitet durch das läuternde Gericht sein Volk für das neue Heil vor. Dabei wird deutlich: Nicht die Leistung der Menschen ist gefragt, sondern die große Heilswende kann allein von Gottes gnädigem Erbarmen kommen. Dann erkennen wir: „Es steht im Leben nicht so, dass wir uns zu Gott durchkämpfen müssen, sondern Gott kämpft sich zu uns durch, und zuletzt geschieht fast alles über uns hinweg" (Gertrud von Le Fort). Wir alle dürfen daher an Gottes Treue festhalten. Denn für das alttestamentliche und ebenso für das neutestamentliche Gottesvolk gilt trotz der immer wieder uns erschütternden Katastrophen und Notsituationen: „Das Wort ist glaubwürdig: Wenn wir untreu werden, bleibt Gott doch treu, denn er kann sich selbst nicht verleugnen" (2Tim 2,11.13). Der Sinn des Gerichts Gottes ist auch die Erschütterung unserer falschen Sicherheiten. Dieses Gericht, das die durch die Sünde gestörten Ordnungen wieder herrichtet, macht aber auch sichtbar, was uns wirkliche Sicherheit gibt. Diese kommt allein von unserem Gott, auf dessen Treue wir unser Leben und unser nie endendes wahres Glück aufbauen können. „So erweist sich der mit-seiende und mit-lebende biblische Gott durch dieses Mit-Sein gerade in Not und Gefahr für uns als Schützer und Retter" (Erich Zenger), dessen Gericht uns für das neue und ewige Heil vorbereitet, das Gott uns zugedacht hat.

Der sinkende Grundwasserspiegel

Martin Schniertshauer

Text: Amos 7,4-6

7,4 Dies zeigte mir Gott, der Herr, in einer Vision: Gott, der Herr, rief zur Strafe das Feuer herbei und das Feuer fraß die große Flut und wollte schon das Land Jakobs verschlingen.
5 Da rief ich: Gott, mein Herr, halte doch ein! Was soll denn aus Jakob werden? Er ist ja so klein.
6 Da reute es den Herrn und er sagte: Auch das soll nicht geschehen.

Vergegenwärtigung

Mit einer Vision von blühenden Landschaften kann man den Beifall einer Volksversammlung finden. Mit Visionen von blühenden Landschaften sind schon Bundestagswahlen gewonnen worden. Was aber, wenn man, wie Amos, keine blühenden Landschaften am Horizont der Zukunft sieht, sondern einen die Vision einer verdorrten Landschaft plagt?

Man könnte vielleicht versuchen, diesen Amos von seinen bedrückenden und entsetzlichen Visionen zu befreien; möglicherweise gibt es ja irgendwo einen Therapeuten, der es fertig bringt, ihm diese entsetzlichen Bilder aus dem Kopf und aus dem Herzen zu verbannen! Positives Denken müsste Amos lernen, nicht Schlechtreden sollte er die Erfolgsbilanz des Landes Israel unter seinem wirtschaftlich und politisch überaus erfolgreichen Regenten Jerobeam II; nicht Schlechtreden sollte er die Erfolgsbilanz und vor allem endlich damit aufhören, den Teufel an die Wand zu malen.

Aber dieser Amos ist ein recht unbequemer Zeitgenosse, er will sich nicht behandeln lassen, sondern behauptet, in den Visionen, die er geschaut habe, enthülle sich der wahre Zustand dieses Landes Israel, in diesen Bildern zeige Gott, wie er selbst die Lage seines Bundesvolkes sehe.

Wer hat recht? Der Viehzüchter und Maulbeerfeigenpflanzer Amos, der von sich behauptet: „Ich war kein Prophet und kein Prophetenschüler. Aber Jahwe hat mich hinter der Herde weggenommen, und Gott hat zu mir gesagt: Auf! Tritt mit prophetischer Verkündigung auf gegen mein Volk" (Amos 7,15).

Wer hat Recht? Amos mit seinen Schreckensbildern, oder die vom König Jerobeam bestellten und staatlich und stattlich besoldeten Reichspriester und Staatspropheten im Tempel von Bet-El, mit ihren Visionen von der Herrlichkeit des Landes Israel und der glänzenden Zukunft dieser Nation unter ihren weisen, ruhm- und erfolgreichen Fürsten und Führern.

Wer hat Recht? Amos, der den drohenden Untergang an die Wand malt oder diejenigen, die Bilder einer glänzenden Zukunft entwerfen? Wer hat Recht?

Im geschichtlichen Rückblick ist diese Frage relativ einfach zu beantworten: Die Schreckensbilder des Amos und die drohende Katastrophe, die er auf Israel zukommen sah, haben sich erfüllt! 30 Jahre nachdem Amos unter König Jerobeam II im Nordreich Israel mit seiner Botschaft aufgetreten war, war das einst blühende Land am Ende, besiegt und niedergetreten von den Truppen der neuerstandenen assyrischen Großmacht, und die Bewohner Israels, sofern nicht getötet, auf dem Weg in die Babylonische Gefangenschaft. Das war im Jahre 722 vor Christi Geburt. Das Südreich Juda mit seiner Hauptstadt Jerusalem erlitt dann im Jahre 586 vor Christus ein ähnliches Schicksal. Aber das sind natürlich alles Ereignisse, die längst vergangene Geschichte sind und uns Menschen von heute nicht mehr so sonderlich interessieren.

Und trotzdem wurden die Worte und die Bilder des Propheten Amos in der Heiligen Schrift aufgezeichnet für alle Zeiten, denn es gibt in ihnen eine Aktualität, die auch heute, nach über 2700 Jahren noch treffend ist und über das Wohl und Wehe unseres heutigen Lebens, unserer heutigen Kirche, unseres Landes und unserer Gesellschaft entscheidet.

Und die erste unbequeme Wahrheit, die uns aus diesem Buch entgegenklingt, heißt: Die Menschen, die, wie Amos, Bilder einer drohenden Katastrophe am Horizont der Zukunft sehen, sind durchaus nicht immer bloß „arme Irre" oder „bemitleidenswerte Weltuntergangspropheten", über die wir mit einem Lächeln und Kopfschütteln hinweggehen könnten, sondern sie haben manchmal tatsächlich Recht!

Und um unseres menschlichen Heils und unserer irdischen und ewigen Zukunft wegen, darf man ihnen nicht den Mund verbieten. Amos hat von Gott den Auftrag zu reden – und wenn seine Botschaft auch mehr Droh- als Frohbotschaft zu sein scheint, wer ihm zu reden verbieten wollte, der hätte versucht, das Wort Gottes zum Schweigen zu bringen. Und das Wort Gottes nicht hören zu wollen, das erst führt den Menschen so richtig ins Unheil. Solange Gott noch spricht, solange ist der Ruf zur Umkehr an den Menschen – auch wenn es ein drohender, ein mahnender, ein beschwörender Ruf ist – noch die Chance zum Heil!

Nehmen wir Amos und seine Botschaft also ernst! Auch wenn ihn manche mit dem Hinweis, er sei ein antiquierter Höllenprediger, so einfach auf die Seite schieben wollen. Und schauen wir als Menschen von heute noch einmal auf das Bild, das er uns als Beschreibung seiner zweiten Vision vor Augen gestellt hat. Eine Feuersglut oder eine Gluthitze sieht Amos, eine Art glühenden und versengenden Sturm, der den Grundwasserspiegel unter dem Ackerland sinken lässt und so aus einem blühenden Land eine verdorrte Landschaft macht. Die Sache mit dem sinkenden Grundwasserspiegel in diesem Bild ist für das Verständnis von entscheidender Bedeutung. Nicht nur, dass sinkende Grundwasserspiegel im wörtlichen Sinne heute für viele Landstriche der Erde wirklich zur existenzbedrohenden Gefahr geworden sind, sondern auch im sinnbildlichen und übertragenen Sinne. Bilder verweisen ja auch auf eine verborgene und unsichtbare Wirklichkeit. Und da gibt es einen Grundwasserspiegel, der für die Existenz und das Gedeihen einer Gesellschaft und des menschlichen Lebens von geradezu existenzieller Bedeutung ist. Damit menschliches Leben und menschliches Zusammenleben gelingt, muss es gespeist und getränkt werden aus Quellen, die hinabreichen in die Schichten, in denen die Lebensströme fließen, die den Ackerboden des menschlichen Lebens und Zusammenlebens erst lebendig und fruchtbar machen. Die Lebensströme der gegenseitigen Solidarität, des Einstehens für die Schwachen, der Begrenzung der egoistischen Eigeninteressen zum Wohl der Gemeinschaft – das sind solche Grundwasser, aus denen eine Gemeinschaft lebt. Dass dieser Grundwasserspiegel bedrohlich sinkt, das ist die erschreckende Wahrheit, die in der zweiten Vision des Amos enthüllt wird.

Man kann die Augen davor verschließen. Man kann sich blenden lassen von den prächtigen Gebäuden, die überall im Land emporwachsen, vom wachsenden Export und Import und den steigenden Börsenkursen! Man kann über den stolzen Erfolgsbilanzen und der blühenden Wirtschaft im Land, den sinkenden Grundwasserspiegel der Solidarität ganz übersehen.

Aber diese Blindheit ist tödlich! Und darum malt Amos, dem Gott die Augen geöffnet hat, das drohende Gemälde und hält es allen vor Augen.

Seht, was ihr nicht sehen wollt! Und hört, was eure Ohren nicht hören wollen! Noch ist es nicht zu spät!

Ob wir sehen oder wegschauen; ob wir aufmerken oder die unbequeme Botschaft überhören – das liegt an uns. Noch gibt es eine Entscheidungsfrist, denn der Prophet hat für sein Volk gebetet. Er hat zu Gott geschrieen: „Mein Herr, Jahwe, halte ein!" (Amos 7,5). Amos ist kein Sadist, der sich darüber freut, wenn die „gottlose Gesellschaft und die Sünder zur Hölle fahren". Amos hält Fürbitte für sein Land und Volk – und Gott hält das drohende Verderben noch einmal auf, wie schon bei der ersten Schreckensvision des Amos. Damals hatte der Prophet gebetet: „Mein Herr, Jahwe, vergib doch"! (Amos 7,2). Gott hält das drohende Verderben noch einmal auf. Aber es sollte uns bewusst sein, endlos lässt sich dieses Spiel nicht wiederholen!

Jede Frist geht einmal zu Ende. Und darum wäre es sträflicher Irrsinn, wenn man einfach unbesorgt das Wachstum und die Blüte von Wirtschaft und Wohlstand mit einem sinkenden Grundwasserspiegel an mitmenschlicher Solidarität erkaufen würde. Denn nicht blühende Landschaften wären das Ergebnis solchen Tuns, sondern eine verdorrte Steppe, auf der menschliches Leben nicht mehr gedeihen kann.

Reif für das Ende

Martin Schniertshauser

Text: Amos 8,1-3

8,1 Dies zeigte mir Gott, der Herr, in einer Vision: Ich sah einen Korb mit reifem Obst.
2 Er fragte: Was siehst du, Amos? Ich antwortete: Einen Korb mit reifem Obst. Da sagte der Herr zu mir: Mein Volk Israel ist reif für das Ende. Ich verschone es nicht noch einmal.
3 An jenem Tag werden die Sängerinnen des Palastes Klagelieder singen – Spruch des Herrn. Alles ist voller Leichen, überall wirft man sie hin. Still!

Vergegenwärtigung

Ein Erntedank Korb, bis zum Rand gefüllt mit reifen Früchten, wird dem Amos gezeigt in seiner vierten Vision. Wer von uns wünschte es sich nicht, die Früchte seiner Arbeit in Ruhe genießen zu können? Und das nicht erst am Lebensabend, sondern schon mitten im Leben.

Genussvoll geht es zu, in den reich geschmückten Gemächern der Paläste von Samaria, der Hauptstadt des Nordreichs Israel zu Zeiten des Amos. Die Tische biegen sich unter der Last von exotischen Speisen und exquisiten Getränken und ausgestreckt auf bequemen Diwanen, bezogen mit edlem Damast aus Damaskus, räkeln sich üppige Schönheiten und stoßen ihre Gläser an mit den erfolgreichen und smarten Herren aus Politik, Wirtschaft und Kultur. An Gemälde wie das Großstadt-Triptychon von Otto Dix erinnern die Szenen, die Amos aus der Metropole des Heiligen Landes beschreibt: „Ihr liegt auf Betten aus Elfenbein und faulenzt auf euren Polstern ... Ihr grölt zum Klang der Harfe ... ihr trinkt den Wein aus großen Humpen und salbt euch mit dem feinsten Öl, und sorgt euch nicht um den Untergang Josefs" (Amos 6,4-6).

Die Früchte der Erde und der menschlichen Arbeit werden genossen; bis zum Rande gefüllt sind die Becher und Teller! – Aber, wessen Arbeit Früchte sind das eigentlich, die den ganzen Spaß und die große Party der Genießer finanzieren? Draußen vor der Tür werden die Opfer einer rücksichtslosen Wirtschaftsordnung und eines gnadenlosen Profitstrebens in die Schuldsklaverei verkauft, wird von Hilflosen Pachtgeld herausgepresst und ihr Getreide mit Steuern belegt (vgl. Amos 5,11). Draußen vor der Tür wird sogar der Abfall des Getreides noch zu Geld gemacht (Amos 8,6), um das Fest der Erfolgreichen drinnen in ihren Palästen zu finanzieren – so lauten die Anklagen, die Amos im Auftrag Gottes vorzubringen hat.

Natürlich kann man immer fragen, ob der Prophet, der hier als Kritiker der sozialen Zustände in seiner Gesellschaft auftritt, bei seiner Kritik nicht mit etwas dickem Pinsel die Farbe aufträgt. Natürlich kann man immer fragen, ob die Zustände denn wirklich so schlimm sind. Aber Vorsicht! Wenn wir drinnen am üppig gedeckten Tisch sitzen, dann sind wir immer geneigt, die Zustände draußen nicht für ganz so schlimm, nicht für allzu himmelschreiend zu nehmen. Hauptsache, uns geht's gut! Hauptsache, wir haben unser sicheres Auskommen! Hauptsache, wir haben unseren Spaß!

Schön und lecker anzusehen ist er, dieser Erntedank Korb, bis zum Rand gefüllt mit reifen Früchten – da läuft einem direkt das Wasser im Mund zusammen. Die hundsgewöhnlichen Zwetschgen und Äpfel, die kann man ja liegen lassen, aber wie wäre es mit einer dieser exquisiten Papayas oder mit dieser seltenen Frucht (ich habe den Namen vergessen), kommt direkt mit dem Flugzeug aus einer Plantage irgendwo in den Tropen! Was die Leute, die mit ihrem Schweiß dort die Felder bestellen, für ihre Arbeit bekommen, weiß ich nicht, aber bei uns kann man sich den Genuss schon ab und zu leisten, denn – Gott sei Dank – die Arbeitskräfte sind ja billig in diesen Gegenden!

Und plötzlich bleibt dem Genießer, den Amos im Bilde vor sich sieht, die leckere Frucht im Halse stecken. „Das Fest der Prasser ist zu Ende" (Amos 6,7) – hört er die Gottesstimme sagen. Reif – reif ist nicht nur das Obst im Korb, sondern: „Reif ist mein Volk Israel für das Ende" (Amos 8,2).

Ein Skandal! Absolut ungehörig ist es, was uns das Buch des Propheten Amos da zumutet. Die ganze Partystimmung ist einem da versaut, der unschuldige Genuss der leckeren Früchte vergällt. Aber wir haben es ja immer schon gewusst, dieser Gott der Juden und Christen ist ein Spaßverderber, ein Partyvermieser, ein Störenfried! All die leckeren Früchte an den Obstbäumen, die lässt er nur wachsen, um uns den Mund wässrig zu machen und dann ein Schild aufzustellen: „Pflücken verboten"!

Weg mit ihm! Raus aus unserem Land! Was er sagt, ist unerträglich, so hat man damals in Israel gesagt und den unbequemen Gottesredner Amos über die Grenze abgeschoben, nämlich dorthin, wo er hergekommen war, in seine Heimat nach Juda (vgl. Amos 7,10-13). Soll er doch dort von seinen Visionen erzählen, aber uns – bitteschön – mit seinen Schreckensbildern künftig verschonen! Wir wollen schließlich auch in Zukunft die unschuldigen Früchte unserer eigenen Arbeit ungestört und in Ruhe genießen können.

Ganz so fern sind uns diese Gedanken der Bewohner Samarias ja auch heute nicht. Wenn wir ehrlich sind, werden wir es zugeben: Auch wir lieben die Körbe, die prall gefüllt sind mit reifen Früchten, auch wir greifen da zu und gönnen uns den Genuss! Auch wir hassen es, wenn uns jemand den Genuss vergällt und die unbequeme Frage stellt: Und am Ende, wo führt das alles hin, am Ende?

Vom Ende zu sprechen, gar von einem Tag der Verantwortung, an dem wir Rechenschaft ablegen müssen –; das gehört zu den Dingen, die man in einer fröhlichen Gesellschaft und unter Leuten, die gut drauf sind, auf gar keinen Fall tun darf, das ist absolut tabu. Das ist sogar in unseren Kirchen schon fast verboten! Der alte Gesang der Totenmessen, das „Dies irae" ist in den Gottesdiensten schon längst verstummt, und man hört die an den Tag des Gerichtes mahnenden Posaunen höchstens noch als musikalischen Genuss und Leckerbissen für nicht ganz billiges Eintrittsgeld, wenn Mozarts Requiem wieder einmal in einer Kirche als Konzert aufgeführt wird. Und seit Wilhelm Busch in seiner Geschichte von Max und Moritz die Sätze geschrieben hat: „Aber wehe, wehe, wehe, wenn ich auf das Ende sehe ..."– ist dieses Wort immer mehr zu einer Lachnummer geworden, zu einem Scherz, den keiner mehr richtig ernst nimmt.

Aber es ist Ernst! Ernst, der einem das Lachen gefrieren lassen kann. An dem Tag, an dem die Zeit reif ist, mogelt sich keiner vorbei! Und so wie in der hebräischen Sprache die Worte für Obst und Ende fast gleich klingen, so klingen in der deutschen Sprache Ende und Ernte ganz ähnlich. Am Ende wird die Ernte eingebracht, so sagt es uns auch das Evangelium des Matthäus im Gleichnis vom Unkraut und vom Weizen auf dem einen Acker (Mt 13,24-30). „Die Ernte ist das Ende der Welt" (Mt 13,39), sagt Jesus – und nichts von dem, was Gott den Amos hat schauen lassen, wird da zurückgenommen. Geerntet aber wird, was man im Leben gesät hat. Die Verheißungen der Evangelien sind da eindeutig: Wer Barmherzigkeit gesät hat, der wird Barmherzigkeit ernten. „Selig die Barmherzigen, denn sie werden Erbarmen finden" (Mt 5,7) – so heißt es in der Bergpredigt. Oder mit den Worten des Jakobusbriefes: „Barmherzigkeit aber triumphiert über das Gericht" (Jak 2,13). Man darf dieses Wort nur nicht falsch verstehen! Es bedeutet nicht, dass Gottes Barmherzigkeit einfach mit einem Schwamm alles Unrecht und alle Ungerechtigkeit wegwischt und alles gut sein lässt. Denn vollständig lauten die Worte aus dem Jakobusbrief: „Darum redet und handelt als Menschen, die nach dem Gesetz der Freiheit gerichtet werden, Denn das Gericht ist erbarmungslos gegen den, der kein Erbarmen gezeigt hat. Barmherzigkeit aber triumphiert über das Gericht" (Jak 2,12-13).

Kein Erbarmen gezeigt mit denen draußen vor der Tür, haben die sorglosen Prasser beim gossen Fest an den reichgedeckten Tischen Samarias! Es ist zwar nicht wahr, was die Verklager Gottes behaupten, dass er uns keinen Genuss gönnt und an jedem Obstbaum ein Schild aufgestellt hat mit der Aufschrift: Pflücken verboten! Das ist nicht wahr, denn Gott lässt uns Früchte reifen, damit wir sie pflücken und genießen. Aber es waren gar nicht die „unschuldigen Früchte der eigenen Arbeit", die beim Fest in der Metropole des Heiligen Landes genossen wurden, sondern unbarmherzig verzehrt wurden die Früchte der Arbeit derer, die selbst Hunger litten. Die große Party war dadurch ermöglicht worden, dass man andere Menschen zu Objekten des eigenen Erwerbs-, Macht- und Lusttriebes degradiert und ungerecht und unbarmherzig deren Rechte, ja sie selbst mit Füssen getreten und niedergewalzt hatte.[1]

Das Ende und die Ernte dieses erbarmungslos mit dem Leid und Elend anderer Menschen finanzierten Festes und Vergnügens ist der Tod. Der ewige Tod. Der Verlust der Heilsgemeinschaft mit Gott. Wer den sogenannten „kleinen Leuten" den Bund aufkündigt, der kündigt den Bund mit Gott!

Das ist keine leere Drohung, wie wir es uns zu unserem Schutz vielleicht gerne einreden würden, sondern das ist der unwiderrufliche Bescheid Gottes!

Vor dem inneren Auge des Propheten Amos erfolgt ein letzter Schwenk der Kamera. Der Film, der vor seinem inneren Auge abgelaufen ist, zeigt seine letzte Szene: Vom randvoll gefüllten Korb mit reifen Früchten geht der Schwenk über das Festgelage in den Palästen Samarias hin zum letzten Bild. Das letzte Bild der Kamera zeigt dieselben Paläste, in denen man gestern noch die große Party gefeiert hat: „Alles ist voller Leichen, überall wirft man sie hin" (Amos 8,3), und dann

---

[1] Vgl. A. DEISSLER: *Hosea – Joel – Amos*. NEB, S. 102.

ist nur noch Stille! Keine Fürbitte mehr von Seiten des Propheten, kein Aufschub mehr des drohenden Verhängnisses von Seiten Gottes. Denn, da dürfen wir uns keine falschen Hoffnungen machen, die Zeit, in der wir uns entscheiden können, welche Saat wir aussäen, läuft einmal ab und hat ein Ende!

Das Ende und die Ernte vor Augen gestellt, das hat nicht nur Amos, sondern über den Eingangsportalen der gotischen Kirchen sehen wir manchmal ein ähnliches Bild: Das Bild des Weltenrichters und der großen Scheidung: „Selig die Barmherzigen, denn sie werden Erbarmen finden", verkündet der Mund dessen, der kommen wird zu richten die Lebenden und Toten. „Selig die Barmherzigen" – aber auch: Wehe den Erbarmungs- und Gnadenlosen.

Wenn Gottes Haus nicht mehr Gottes Haus ist

Martin Schniertshauer

Text: Amos 9,1-4

9,1 Ich sah den Herrn beim Altar stehen. Er sagte: Zerschlag den Knauf der Säule, so dass die Tragbalken zittern. Ich zerschmettere allen den Kopf. Was dann von ihnen noch übrig ist, töte ich mit dem Schwert. Keiner von ihnen kann entfliehen, keiner entrinnt, keiner entkommt.
2 Wenn sie in die Totenwelt einbrechen: meine Hand packt sie auch dort. Und wenn sie zum Himmel aufsteigen: ich hole sie von dort herunter.
3 Wenn sie sich auf dem Gipfel des Karmel verstecken: ich spüre sie dort auf und ergreife sie. Wenn sie sich vor mir auf dem Grund des Meeres verbergen, dann gebiete ich der Seeschlange, sie zu beißen.
4 Und wenn sie vor ihren Feinden her in die Gefangenschaft ziehen, dann befehle ich dort dem Schwert, sie zu töten. Ich habe meine Augen auf sie gerichtet zu ihrem Unheil, nicht zu ihrem Glück.

Vergegenwärtigung

Dass Feinde einen Tempel zerstören, das geschieht wohl immer wieder. Aber dass Gott den Befehl gibt, seinen eigenen Tempel zu vernichten, das ist unerhört und unvorstellbar. Und doch ist es gerade dies, was Amos in seiner fünften und abschließenden Vision zu sehen bekommt. Gott selbst steht über dem Altar, der Herzmitte und dem Lebenszentrum des Heiligtums und gibt den Befehl, den zerstörenden Schlag gegen die Säulenkapitelle des Tempels zu führen, so dass die Tragbalken und Fundamente ins Wanken kommen und die Tempelhalle zusammenbrechen muss. Den Einsturz selbst sieht Amos nicht. Aber er hört die Gottesstimme, die das Unheil, das dem Gebäude widerfährt, auf das ganze Gottesvolk ausweitet. Nicht nur der Tempel, das Gotteshaus aus Stein, wird von Gott dem Untergang geweiht, sondern auch die ganze Tempelgemeinde, das heißt das Gottesvolk. Es gibt kein Entrinnen, kein Entfliehen, kein Entkommen. Weder die Totenwelt, noch der Himmel, weder der Gipfel des Karmelberges, noch der tiefste Meeresgrund bieten eine Zuflucht oder ein Versteck, um Gott zu entkommen.

Warum? Warum gibt Gott den Auftrag zur Zerstörung seines Heiligtums? Warum befiehlt er, sein Haus und sein Volk dem Untergang zu weihen? Warum steht er auf Kriegsfuß mit Israel? Warum zieht er sozusagen in den Kampf gegen das Volk, das er sich erwählt und zu seinem besonderen Eigentum gemacht hat?

Der Grund dafür liegt im Krieg, der in seinem eigenen Volk gegen die Schwachen, Armen, Geringen und Hilflosen geführt wird. Die Missachtung des Lebensrechts der sogenannten „kleinen Leute", die Tatsche, dass man sie zu Objekten des eigenen Erwerbs-, Macht- und Lusttriebes degradiert und sie und ihre Rechte unbarmherzig mit Füßen tritt, schreit zum Himmel und ruft Gottes Eingreifen auf den Plan. Gott brüllt wie ein zorniger Löwe – so drückt sich das Amosbuch aus. Natürlich ist das ein Bild! Aber wie anders als mit Bildern, die aus unserer menschlichen Vorstellungswelt entlehnt sind, sollte man die leidenschaftliche Parteinahme Gottes für die Armen zum Ausdruck bringen? Heute würden wir vielleicht sagen: Die Ausbeutung der Armen und Wehrlosen rächt sich! Wobei dieser Satz, verglichen mit dem Bild des Amos vom Gott, der brüllt wie ein zorniger Löwe, natürlich recht blass und farblos bleibt.

Warum sollte Gott sein Haus in Bet-El nicht einreißen lassen?

Etwa um des Patriarchen Jakob Willen, der hier im Traum die Leiter sah, die den Himmel und die Erde verbindet und die Worte hörte: „Ich bin der Herr, der Gott deines Vaters Abraham und der Gott Isaaks. Das Land, auf dem du liegst, will ich dir und deinen Nachkommen geben. Deine Nachkommen werden zahlreich sein wie der Staub auf der Erde. ... Und durch dich und deine Nachkommen werden alle Geschlechter der Erde Segen erlangen" (Gen 28,13-14).

Warum sollte Gott sein Haus in Bet-El nicht einreißen lassen?

Weil der Grundstein für dieses Haus der Stein war, auf den Jakob sein Haupt gelegt hatte und den er nach dem Traum zum Altar salbte (Gen 28,18)? „Wie ehrfurchtgebietend ist doch dieser Ort! Hier ist nichts anderes als das Haus Gottes und das Tor des Himmels" – so hatte der Patriarch Jakob damals gesprochen und man hatte dem Ort des Geschehens den Namen Bet-El gegeben, auf deutsch: Gottes Haus!

Und nun gibt Gott den Auftrag, dieses Haus zum Einsturz zu bringen, denn dieses Bet-El ist nicht mehr Gottes Haus!

„Ich hasse eure Gottesdienste, ich verabscheue sie und kann eure Feiern nicht riechen. Wenn ihr mir Opfer darbringt, ich habe keinen Gefallen an euren Gaben, und eure fetten

Heilsopfer will ich nicht sehen" (Amos 5,21-22) – so hat die Botschaft gelautet, die Amos in Bet-El auszurichten hatte.

Wenn Gott die Gottesdienste hasst und die Opfer und Gaben nicht mehr sehen und riechen kann, dann hat das natürlich einen anderen und tieferen Grund, als dass ihm die ewige Harfen- oder heutigentags Orgelmusik mit der Zeit langweilig geworden wäre, oder ihm das eine oder andere Detail des Ritus nicht mehr gefällt, und er sich das Ganze entweder fetziger, spontaner und zeitgemäßer wünschen würde oder aber feierlicher, mystischer und lateinischer!

Nein, die Details im Ritus und in der Gottesdienstgestaltung, die sind in den Augen Gottes eher zweitrangig. Viel zentraler ist die Frage, was sich denn in den Gabenkörben befindet, mit denen wir Gott unser Opfer bringen. Ich denke jetzt nicht an die Kollektenkörbchen in unseren Gottesdiensten heutzutage (obwohl das auch nicht ganz so uninteressant wäre, einmal zu fragen, was wir da denn reinlegen). Ich denke eher an die Sache mit dem Erntedank Korb aus der dritten Vision des Amos. Die Ernte unseres Lebens ist das Gott angemessene Opfer! Wie viele faule Früchte liegen da in unserem Opferkorb, den wir Gott stolz präsentieren? Wie viele Früchte wurden damals zu Zeiten des Propheten von den Erfolgreichen in den Tempel von Bet-El gebracht, um Gott für ihre Erfolge zu danken, bei denen Gott schon von weitem roch, dass sie mit der Not und dem Elend der Armen erkauft waren?

„Dein Harfenspiel will ich nicht hören, sondern dein Recht ströme wie Wasser und die Gerechtigkeit wie ein nie versiegender Bach" (Amos 5,23-24) – lässt Gott den Amos sagen.

Die Bereitschaft zur Umkehr, Recht und Gerechtigkeit, Barmherzigkeit zu üben – das ist das Opfer, das Gott gefällt! Aber davon bekam Gott in diesem Gotteshaus in Bet-El nicht viel zu sehen und zu riechen, damals in den Tagen des Amos.

Nun, wir haben ja nicht nur nach damals zu fragen, sondern nach heute. Die Bilder und Worte der Propheten sind nicht bloß Berichte aus längst vergangenen Zeiten, sondern Worte und Fragen an uns. Und da gilt auch für uns heute:

Ein Gotteshaus, in dem man den Priestern und Propheten die Anweisung gibt, nur das zu sagen, was den Besuchern gefällt und ihnen kein schlechtes Gewissen macht, ist nicht Gottes Haus!

Ein Gotteshaus, in dem man nur ein frommes Schauspiel und Theater aufführt und die Liturgie und Kirchenmusik genießt (sei es nun eine Orchestermesse oder das rhythmische Spiel einer Jugendband), ist nicht Gottes Haus!

Ein Gotteshaus, aus dem man immer nur getröstet und in der Seele beruhigt herauskommt, und nicht auch – wenigstens manchmal – aufgeschreckt und aufgewühlt, ist nicht Gottes Haus!

Und mit so einem Pseudo-Gotteshaus, mit so einer Art Seelen- und Gewissensberuhigungsanstalt, mit einem Gottes-Theater, kann der lebendige Gott Abrahams, Isaaks und Jakobs nun wirklich nichts anfangen, da kann er nur noch den Auftrag geben, kräftig gegen die Säulen zu schlagen, damit das ganze Lügengebäude wie ein Kartenhaus in sich zusammenfällt.

Was für den Tempel aus Stein gilt, das gilt auch für das Haus aus lebendigen Steinen, für das Volk Gottes. Auch das Volk Gottes hat mitten in der Welt einen Auftrag und eine Funktion, nämlich Werkzeug zu sein, Werkzeug der Gerechtigkeit und der Barmherzigkeit für die Welt. Wenn Gottes Volk zum Versteck wird, an dem man sich dem Auftrag Gottes entziehen will; zum Ort, an dem man sich durch mancherlei Betriebsamkeit vor dem eigentlichen Auftrag, nämlich der Gerechtigkeit und der Barmherzigkeit zu dienen, drücken will, dann wäre dieses Volk nicht mehr Gottes Volk. Dann wäre es nicht mehr „Salz der Erde". Und von solchem Salz, das die Kraft zu würzen und zu verändern verloren hat, hat Jesus selbst gesagt: „Wenn das Salz seinen Geschmack verliert, womit soll man es wieder salzig machen? Es taugt zu nichts mehr, es wird weggeworfen und von den Leuten zertreten" (Mt 5,13).

Gottes Haus und Gottes Volk haben einen Auftrag, nämlich zum Segen zu sein für alle Völker der Erde. Die Erwählungsworte, die der Patriarch Jakob unter der Leiter, die Himmel und Erde verbindet, gehört hat, beinhalten beides: Erwählung und Auftrag! Wo die Erwählung zum Alibi wird, das den Auftrag vergessen lässt, da schlägt Gott gegen die Säulen, so dass Fundament und Balken erzittern.

Wohin der Weg nach dem Zusammenbruch des Gotteshauses und Gottesvolkes führt, darauf hat Amos keine Antwort gegeben. Vielleicht, weil er uns nicht gleich wieder beruhigt und getröstet nach Hause gehen lassen wollte, sondern aufgewühlt und aufgeschreckt.

Ein späterer Schreiber hat dem Buch einen Schlussvers angefügt, mit dem das Buch des Amos, so wie es heute in der Bibel steht, nun endet. Es ist die Verheißung eines neuen Anfangs Gottes mit seinem Volk: „An jenem Tag richte ich die zerfallene Hütte Davids wieder auf – hat Jahwe gesagt, der dies tut" (Amos 9,11-12). Einen Hinweis auf Jesus Christus haben die frühen Christen in diesem Schlussvers gesehen, eine messianische Weissagung. Und diese Deutung ist sicher nicht falsch.

Ob das aber gut so war, mit der Anfügung dieses Schlusswortes – ich weiß es nicht genau, man könnte auch sagen, dass dadurch die Botschaft des Amos wieder ein wenig entschärft wird. Aber vielleicht sollen wir ja so nach Hause gehen: Aufgeschreckt, aber dennoch nicht ohne Hoffnung!

VI. Visionen im Buch Sacharja

Einführung in das Buch Sacharja

Der Name des Propheten Sacharja (dt. „erinnert hat JHWH") wird zum Programm seiner Verkündigung. Die Liebe und Fürsorge Gottes wird im Hebräischen durch das Verb *zkr* ausgedrückt. „Er trat als Prophet in Jerusalem auf zwischen Oktober/November 520 (1,1) und November 518 (7,1), war also ein etwas jüngerer Zeitgenosse des Propheten Haggai."[1] Sein Hauptthema ist die Wiederherstellung des Tempels. Die Gegenwart Gottes soll nach der Katastrophe des Exils wieder sichtbar im Volk durch den Tempel zentriert werden. In der Forschung werden drei Teile unterschieden: Proto- (Sach 1-8), Deutero- (Sach 9-11) und Tritosacharja (Sach 12-14). Wie beim Propheten Haggai finden sich entsprechend Rahmungen mit Datierungen, die zur zeitlichen Einordnung hilfreich sind.

Zum Text

Alle drei Teile entstammen unterschiedlichen Epochen. Die heutige Forschung ist sich nicht ganz klar über die Fortschreibung der Schicht des Protosacharja, die wohl parallel

---

[1] A. DEISSLER: *Zwölf Propheten II: Zefanja, Haggai, Sacharja, Maleachi.* NEB, Würzburg 1988, S. 265; vgl. zum Gesamtzusammenhang: R. HANHART: *Sacharja 1,1-8,23.* BK XIV/7.1, Neukirchen-Vluyn 1998. Ein neues Modell zur Entstehung des Zwölfprophetenbuches legt vor: J. WÖHRLE: *Der Abschluss des Zwölfprophetenbuches. Buchübergreifende Redaktionsprozesse in den späten Sammlungen.* BZAW 389, Berlin 2008, bes. S. 67-171; 439-446; E. ZENGER: *Das Buch Sacharja.* In: DERS., u.a.: *Einleitung in das Alte Testament.* Stuttgart ^{7}2008, S. 576-582.

zu Haggai entstanden ist. Deutero- und Tritosacharja fanden ihre Gestalt im ausgehenden 4. Jh. bzw. 3. Jh. v. Chr.[2]

Gliederung

Proto-Sacharja (1-8)   Sieben Visionen mit gleicher Struktur

Deutero-Sacharja (9-11)   In einer Bilderfolge wird die Wiederherstellung Jerusalems und des Gottesvolkes, sowie dessen Indienstnahme für die eschatologische Niederwerfung aller Feindmächte geschildert. 9,1-8: Orakel, das als Prophetie im Rückblick den Siegeszug Alexanders des Großen durch Syro-Palästina als weltpolitische Erschütterung deutet, die der Anbruch einer neuen Zeit ist (welche schließlich mit Einzug eines Friedenskönigs zu einer messianischen Heilszeit führen wird).

Trito-Sacharja (12-14)   Schildert das apokalyptisch gefärbte Endzeitgeschehen.

---

[2] Vgl. Anspielung auf Alexander den Großen.

Schwerpunkte der Theologie[3]

Sacharja geht mit der Wiederherstellung des Tempels und Jerusalems über Haggai hinaus. Seine theologischen Schwerpunkte lassen sich besonders gut in seinen Visionen festmachen (Sach 1,7-6,8). Da die erste Vision mit „Ich sah bei Nacht..." (Sach 1,8) beginnt, werden die Visionen insgesamt als „Nachtgesichte" bezeichnet. Die Visionen der vorexilischen Propheten finden in diesen sog. Nachtgesichten ihre Fortführung, aber „erhalten zugleich eine Entfaltung, welche die spätere Apokalyptik vorbereitet [...]."[4] Das neue Jerusalem ist als ganzes die Stätte JHWHs: äußerlich als ein erneuertes und nach innen ein geläutertes Zentrum des Volkes Gottes. Die Vision des Propheten ist, dass viele Völker mit Israel zusammen das Bundesvolk bilden.[5] Jerusalem wird zur Quelle des weltweiten Friedens.[6] Das Volk Gottes kann sich als Menschengruppe aus der Völkerwelt verstehen, die sich JHWH anschließt und sich von der Bundesgeschichte JHWHs mit Israel faszinieren lässt.

---

[3] E. ZENGER: *Das Buch Sacharja*. In: DERS., u.a.: *Einleitung in das Alte Testament*. Stuttgart ⁷2008, S. 582.

[4] A. DEISSLER: *Zwölf Propheten II: Zefanja, Haggai, Sacharja, Maleachi*. NEB, Würzburg 1988, S. 266.

[5] Vgl. Sach 2,15; 6,8; 8,20ff; vgl. zu den Visionen: A. BEHRENS: *Prophetische Visionsschilderungen im Alten Testament. Sprachliche Eigenarten, Funktion und Geschichte einer Gattung*. AOAT 292, Münster 2002, S. 272-313.

[6] Die ganze Schrift trägt spezifisch messianische Züge, die z.B. mit Blick auf die Ämterverteilung und im Messiasbild zum Ausdruck kommen.

Gott in der Gottferne

Alexander König

Text: Sacharja 1,7-17

1,7 Am vierundzwanzigsten Tag des elften Monats – das ist der Monat Schebat – im zweiten Jahr des Darius erging das Wort des Herrn an den Propheten Sacharja, den Sohn Berechjas, des Sohnes Iddos.
8 In dieser Nacht hatte ich eine Vision: Ich sah einen Mann auf einem rotbraunen Pferd. Er stand zwischen den Myrtenbäumen in der Tiefe, und hinter ihm waren rotbraune, blutrote und weiße Pferde.
9 Ich fragte: Herr, was bedeuten diese Pferde? Und der Engel, der mit mir redete, sprach: Ich will dich sehen lassen, was sie bedeuten.
10 Da ergriff der Mann, der zwischen den Myrtenbäumen stand, das Wort und sagte: Der Herr hat diese Pferde gesandt, damit sie die Erde durchziehen.
11 Und sie antworteten dem Engel des Herrn, der zwischen den Myrtenbäumen stand: Wir haben die Erde durchzogen – die ganze Erde ruht und liegt still.
12 Da sagte der Engel des Herrn: Herr der Heere, wie lange versagst du noch Jerusalem und den Städten Judas dein Erbarmen, denen du nun siebzig Jahre grollst?
13 Der Herr antwortete dem Engel, der mit mir redete, in freundlichen Worten, Worten voll Trost.
14 Da sagte mir der Engel, der mit mir redete: Verkünde: So spricht der Herr der Heere: Mit großem Eifer trete ich für Jerusalem und Zion ein;
15 aber ich bin voll glühendem Zorn gegen die Völker, die sich in falscher Sicherheit wiegen. Ich war nur ein wenig erzürnt; doch sie wollten vernichten, als sie mir halfen.

16 Darum – so spricht der Herr: Voll Erbarmen wende ich mich Jerusalem wieder zu. Man wird mein Haus dort aufbauen – Spruch des Herrn der Heere – und die Richtschnur über Jerusalem spannen.
17 Weiter verkünde: So spricht der Herr der Heere: Meine Städte werden wieder überfließen von allen Gütern. Der Herr wird Zion wieder trösten, und er wird Jerusalem wieder auserwählen.

Vergegenwärtigung

Herr, wann erhörst Du endlich unser Gebet?
Herr, sieh auf uns und höre uns!
Herr, wo bist du, warum kümmert dich nicht mein Leben?

Diese Fragen und Klagen der Gottesferne finden sich in dem Buch des Propheten Sacharja. Der Prophet setzt der Klage der Menschen, wo denn Gott sei und warum er nicht eingreife, die Frage entgegen, wann sie endlich umkehrten und bereit seien für ihn und sein Wort. Den Vorwurf der Gottferne beantwortet er mit der Anfrage der Gottlosigkeit der Menschen.

Doch im Bild des Reiters und der Pferde deutet er die Gegenwart und die Not der Menschen als eine Zeit, wo er in besonderer Weise in den Lauf der Dinge und der Menschen eingreift. Gott sendet die Pferde aus, damit sie die Erde durchziehen, so der Vers 10. Gott selbst will einschreiten und das Leben auf dieser Erde grundlegend gestalten. Die Pferde, die die Erde durchziehen, erinnern an Zugtiere, die mit einem harten Pflug die Erde aufgraben und umwälzen, damit durch die Glut der Sonne alles Schädliche verbrannt wird und durch die Kälte des Frostes allen Keimen des Bösen die Grundlage zum Leben entzogen würde. Die Erde soll ausbluten und vertrocknen, damit für Gottes Wort Ackerboden und Raum geschaffen wird. Gott selbst will die Erde für sein Wort öffnen. Die Pferde erinnern aber ebenso an die Tiere, die zur Aussaat noch einmal die Erde durchziehen, um den Samen in die offene Scholle zu legen.

Gott handelt schon lange an den Menschen, doch nicht so, wie sie es gerade wollen. Sie erkennen hinter dem, was sie gerade ertragen müssen, nicht, dass es bereits die Vorbereitung Gottes für Größeres und Prächtigeres ist als sie in ihren Gebeten erflehen könnten. Gott selbst bereitet die Erde vor, dass sein Wort hineinfallen kann und Frucht bringen wird. So deutet der Prophet Sacharja die gegenwärtige Lage seines Volkes. „Mit großem Eifer trete ich für Jerusalem und Zion ein, aber ich bin voll glühendem Zorn gegen die Völker, die sich in falscher Sicherheit wiegen." Umgekehrt sollen diejenigen wissen, denen es gut geht, so gut, dass sie weder nach Gott fragen, noch in irgendeiner Weise ihre Situation in Frage stellen lassen, dass alles auch ganz anders sein könnte. Das scheinbare Glück, das momentan alles andere vergessen lässt, muss nicht von anhaltender Dauer sein. Das Wohlergehen der Menschen und ihre gegenwärtige Lage sind kein Garant und keine Aussage darüber, dass Gott auf ihrer Seite ist, „Gott lässt regnen auch über Gerechten und Ungerechten".

Das einzige, auf das es ankommt, ist das Erbarmen Gottes. „Darum – so spricht der Herr: Voll Erbarmen wende ich mich Jerusalem wieder zu", Vers 16. Wenn die Erde bereit ist und die Menschen wieder offen sind, will er sein Erbarmen neu in die Erde legen, damit die Erde wieder Frucht trägt. Als Zeichen, dass er die Menschen in ihrer Not nicht vergessen hat, stehen die Pferde samt Reiter in der Vision des Sacharja: Er hört ihr Klagen und Rufen, er sieht die Not und das Unrecht auf der Erde, aber nicht nur das! Er greift selbst ein und beginnt, den Boden für sein Wort zu bereiten. Er selbst bewirkt, dass die Umkehr der Menschen gelingen kann. Wann es soweit sein wird, dass sie sein Erbarmen wahrnehmen und annehmen können, das sagt er nicht, doch er selbst will sein Volk trösten und wieder auserwählen.

In christlichem Verständnis hören wir in allem, wie Gott die Erde für sein Wort bearbeiten und öffnen will. Und wissen, Jesus Christus ist das Wort Gottes, das in die Erde fallen soll, wenn die Zeit dafür gekommen ist und der Boden dafür bereitet ist. Das ist die Umkehr zu Gott hin, dass wir sein Wort annehmen und seinen Sohn erkennen als unseren Herrn und Gott.

Uns gilt als einzelne wie als Gemeinschaft von Glaubenden: Wir können uns nicht in falscher Sicherheit wiegen, weil wir bereits durch unsere Taufe Christus angenommen haben. Im Glauben zu reifen und erwachsen zu werden ist wie das Erstarken einer Pflanze auf steinigem Boden und in wechselnden Stürmen.

Das Leben wird seine Furchen und Bahnen in unser Leben graben. In den Zeiten der Dürre und Kälte werden wir aufgewühlt und umgepflügt werden wie ein abgeernteter Acker, auf dem nichts mehr wächst außer einzelnen verkümmerten Pflanzen und Gräsern. Von fremden Tieren durchzogen, werden wir ausbluten und vertrocknen. In allem sollen wir wissen, auch das ist Gott. Nicht weil er uns strafen und Gewalt antun wollte, sondern weil er uns öffnen will für seine ganz andere Wirklichkeit, sind diese Zeiten der Not und Verzweiflung Zeiten seiner unsichtbaren Nähe und Gegenwart.

Denn gerade diese harten Jahre werden uns zu Zeiten der Umbrüche und Veränderungen, die uns nur noch näher zu Gott führen. Wenn wir diese Umwälzungen und Einschnitte nicht als Gewalt und Angriffe auf unsere Persönlichkeit empfinden, sondern ebenso als Handeln Gottes an uns, dann endlich gelangen wir an die Tiefe unserer Existenz, wir durchstoßen den Boden unserer bisher bekannten Wirklichkeit und stoßen vor zu unserer Wurzel, zu Gott selbst.

Gott selbst zeichnet die Spuren auf unser Leben und tröstet uns in den Zeiten der Dürre und Kälte, er tröstet uns in seinem Erbarmen.

Wie ein Schmied zusammenschweißen

Alexander König

Text: Sacharja 2,1-4

2,1 Danach blickte ich hin und sah: Da waren vier Hörner.
2 Ich fragte den Engel, der mit mir redete: Was bedeuten diese Hörner? Er antwortete mir: Das sind die vier Hörner, die Juda, Israel und Jerusalem zerstreut haben.
3 Darauf ließ mich der Herr vier Schmiede sehen.
4 Ich fragte: Wozu sind sie da? Was sollen sie tun? Und er antwortete: Die Hörner haben Juda zerstreut, so dass kein Mensch mehr sein Haupt erhob; die Schmiede aber sind gekommen, um sie zu erschrecken und die Hörner aller Völker niederzuwerfen, die ihre Macht gegen Juda aufgeboten haben, um es zu zerstreuen.

Vergegenwärtigung

Wenn alles durcheinander gerät, geht schnell der Blick für das Verbindende verloren. Irgendwann laufen Konflikte so aus dem Ruder, dass Hilfe von außen kommen muss, um alles ein wenig zusammenzubringen und die Kontrahenten wieder zu versöhnen.

Und dabei können Konflikte wie aus heiterem Himmel entstehen. Plötzlich sind Menschen zerstritten, die nie daran gedacht hätten. Ohne erkennbaren Grund können Eltern von heute auf morgen nicht mehr mit ihren Kindern reden, Verwandte gehen sich aus dem Weg und laden sich nicht mehr ein, Freunde meiden jeden Kontakt und finden keine Worte mehr, die nicht zu neuen Bosheiten verleiten könnten. Auf einen Schlag ist eine gute Beziehung aufgemischt. Unter Kollegen und Mitarbeitern im Beruf und unseren Gemeinden gilt das gleiche. Wo der Wurm drin ist, wird alles auf einmal sehr schwierig. Parteien und Politiker müssen sich trennen und beginnen, einander zu bekämpfen.

Wenn wir nach einem Grund suchen, wie es dazu kommen konnte, verstricken wir uns in viele Einzelheiten. Fragen wir insgesamt, warum sich Menschen aus heiterem Himmel zerstreiten, bekommen wir keine Antwort. „Woher kommen die Kriege bei den Menschen?" fragt schon der Psalmist.

In seiner Vision erhält der Prophet Sacharja ein passendes Bild, er sieht vier Hörner, die Juda, Israel und Jerusalem zerstreut haben. Das Reich ist geteilt in Nord und Süd, die Hauptstadt ist zerstört. Die Länder und Herrscher, die durch Krieg und Kampf das Großreich zerschlagen haben, werden nicht genannt. Die vier Hörner stehen für die Spitze der Gewalt und den Stachel des Schreckens, für die vier Himmelsrichtungen und damit für die Zerstreuung in die Bedeutungslosigkeit: Wie Sand, der vom Sturm in alle Winde verweht wird und nicht mehr zu finden ist, so ist die Großmacht Israel verflogen. Der Prophet nennt buchstäblich weder Ross noch Reiter, er sucht nicht nach Schuldigen und Anführern, keinen Grund und kein Ziel. Er sieht bereits die Lösung: Vier Schmiede kommen. Als ob sie von allen Richtungen das Häuflein wieder zusammenführen müssten. Die Schmiede sollen wieder zusammenschweißen, was auseinandergetrieben wurde.

Diese Menschen brauchen wir auch in unseren Konflikten und Auseinandersetzungen, Menschen, die wieder zusammenführen, was zusammengehört, ob wir sie nun Schmiede oder Hirten nennen oder Mütter und Friedensstifter. In unserer Zeit, wo es nicht nur vier Hörner gibt, die anstacheln und auseinander treiben, sondern viele Menschen und Faktoren, die alles durcheinander bringen und auseinander reißen können, was eigentlich eine starke Einheit sein könnte, brauchen wir Menschen, die wie ein Schmied, wie Mütter und Hirten die Arme ausbreiten und versöhnend wieder zusammen führen. Schnell ist ein Streit entfacht, ein Wort zieht das andere nach sich, bis alles eskaliert. Es bedarf der Herzenswärme und der Liebe zueinander, um in aller Demut und Selbstlosigkeit andere wieder zu versöhnen. Nur wenige sind bereit, diesen Dienst eines Schmiedes, eines Hirten, einer Mutter oder eines Friedensstifters für andere wahrzunehmen. Zu viele haben Angst, sich selbst die Finger zu verbrennen und halten sich lieber raus. Zivilcourage kann heute bedeuten, sich in diesem Dienst der Versöhnung für andere einzusetzen.

Christus hat diesen Dienst für uns bereits vor 2000 Jahren bis zum Schluss angenommen. Er hat uns ein Bild gegeben, wie er als der gute Hirt die Schafe wieder zusammenführt. Er sollte die Stämme Israels wieder vereinen, darum hat er die zwölf Apostel ausgewählt, sie stehen für die zwölf Stämme. Die Apostel haben später selbst dieses Amt der Versöhnung übertragen bekommen. Christus war gekommen, die Hörner aller Völker niederzuwerfen, um mit allen Menschen das Reich des Friedens und der Gerechtigkeit zu bilden, das Reich Gottes. Er selbst hat die Wunden aller Hörner am eigenen Leib überwunden und hat uns dieses Leben neu geschaffen.

Christus ist für die Menschen seines Geistes die Mitte, durch die wir immer verbunden bleiben, auch wenn wir uns in der Hitze des Streites und der Überheblichkeit entzweit haben. Wenn wir in aller Wut und Enttäuschung nicht mehr einander in die Augen schauen können, so können wir dennoch auf den blicken, der das Verbindende in unserem Leben sein will. Er führt die zusammen, die ihm die Treue halten und mit ihm verbunden sind. Er ist der Schmied Gottes, der zusammenführt. In seinem Geist soll es uns gelingen, als Schmiede und Hirten, als Mütter und Friedensstifter auch andere Menschen zu versöhnen, Entzweite wieder zusammenzubringen und sie in ihrer Einheit zu bewahren.

Der Mann mit der Messschnur

Ingrid Orlowski

Text: Sacharja 2,5-17

2,5 Danach blickte ich hin und sah: Da war ein Mann mit einer Messschnur in der Hand.
6 Ich fragte: Wohin gehst du? Er antwortete mir: Ich gehe, um Jerusalem auszumessen und zu sehen, wie breit und wie lang es sein wird.
7 Da trat der Engel, der mit mir redete, vor, und ein anderer Engel kam ihm entgegen
8 und sagte zu ihm: Lauf und sag dem jungen Mann dort: Jerusalem wird eine offene Stadt sein wegen der vielen Menschen und Tiere, die darin wohnen.
9 Ich selbst – Spruch des Herrn – werde für die Stadt ringsum eine Mauer von Feuer sein und in ihrem Innern ihr Ruhm und ihre Ehre.
10 Auf, auf! Flieht aus dem Land des Nordens – Spruch des Herrn. Denn wie die vier Winde des Himmels habe ich euch zerstreut – Spruch des Herrn.
11 Auf, Zion, die du in Babel wohnst, rette dich!
12 Denn so spricht der Herr der Heere – er hat mich mit Herrlichkeit zu den Völkern gesandt, die euch ausgeplündert haben –: Wer euch antastet, tastet meinen Augapfel an.
13 Ja, jetzt hole ich mit meiner Hand zum Schlag gegen sie aus, so dass sie eine Beute ihrer eigenen Knechte werden. Und ihr werdet erkennen, dass der Herr der Heere mich gesandt hat.
14 Juble und freue dich, Tochter Zion; denn siehe, ich komme und wohne in deiner Mitte – Spruch des Herrn.
15 An jenem Tag werden sich viele Völker dem Herrn anschließen, und sie werden mein Volk sein,

und ich werde in deiner Mitte wohnen. Dann wirst du erkennen, dass der Herr der Heere mich zu dir gesandt hat.
16 Der Herr aber wird Juda in Besitz nehmen; es wird sein Anteil im Heiligen Land sein. Und er wird Jerusalem wieder auserwählen.
17 Alle Welt schweige in der Gegenwart des Herrn. Denn er tritt hervor aus seiner heiligen Wohnung.

Vergegenwärtigung

Alle Welt schweige in der Gegenwart des Herrn.
Denn er tritt hervor aus seiner heiligen Wohnung.

Die Worte wirken fremd an dieser Stelle, mitten zwischen den auf den ersten Blick unverständlichen Bildern. Eine klare und positive Aussage zwischen verwirrendem und teilweise bedrohlichem Stoff. Sie wirkt fast versteckt an dieser Stelle, leicht zu übersehen.

Wie, wenn dieser versteckte Satz der Schlüssel zum Verständnis der Botschaft des Sacharja wäre?

Von einem seltsamen Paar ist hier die Rede, von „aller Welt" und vom „Herrn". Es wird angekündigt, dass der Herr aus seiner „heiligen Wohnung" hervortritt, und es bleibt ein Geheimnis, ob die Welt schweigen soll, damit er hervortritt oder ob er hervortritt, weil die Welt schweigt. Es scheint ineinander zu gehen, beide sind Bedingungen füreinander. Der Herr wird hervortreten, wenn die Welt schweigt und die Welt wird schweigen, wenn der Herr hervortritt.

Und wenn die Welt nicht schweigt?

Dann kommt der Mann mit der Messschnur.

Der Mann mit der Messschnur, in wessen Auftrag ist er unterwegs? Wozu soll er Jerusalem ausmessen und seine Länge und Breite feststellen?

Der Engel wird eilig zu dem jungen Mann geschickt, um ihm mitzuteilen: Jerusalem ist keine Stadt, die eine Grenze hat, Gott selbst wird für diese Stadt eine Mauer von Feuer sein.

Und dann ist immer wieder vom „Innen" die Rede. Gott wird im Innern der Stadt ihr Ruhm und ihre Ehre sein (V. 9), „ich komme und wohne in deiner Mitte" (V. 14) und noch einmal „ich werde in deiner Mitte wohnen" (V. 15). Gott wählt sich die Mitte Jerusalems zu seiner „heiligen Wohnung".

Alle anderen Verheißungen reden vom Schutz, den Gott seinem Volk angedeihen lassen will und von der Erwählung. Diese Erwählung tönt nicht ganz uneigennützig. Gott erwählt das Volk weniger, um es heraus zu heben, er will dieses Volk für sich und er will von diesem Volk erkannt werden. Diese Sehnsucht Gottes, von seinem Volk erkannt zu werden durchzieht das Alte Testament in vielen Teilen.

> Alle Welt schweige in der Gegenwart des Herrn.
> Denn er tritt hervor aus seiner heiligen Wohnung.

Gott will sich zeigen und er braucht dazu ein Gegenüber, das ihn wahrnimmt.

Wenn der Text in einer Zeit zu Verbannten spricht, als die Verbannung im politischen Sinn vorüber ist, dann wird deutlich, dass dieser Gott, der in die Geschichte eingreift, die Geschichte selbst als Sprache nimmt, als Ausdrucksform einer inneren Wirklichkeit. Jeder, der sein Leben mit der Messschnur in der Hand betrachtet, der zählt, misst und wägt, weil er auf einen Vorteil in dieser Welt aus ist (denn warum tut er es sonst), lebt in der Verbannung, fern von Gott, lebt in Grenzen, die er sich selbst gesetzt hat. Er lebt mit einer Blickrichtung, die es ihm unmöglich macht, Gott in seiner Mitte zu erkennen. Und Gott wirbt mit allen Mitteln, mit Drohung und Unheil, mit Verheißung und Rettung, weil es seine größte Sehnsucht ist, erkannt zu werden.

Er will hervortreten, aber seine Gegenwart kann nur bemerkt werden, wenn „alle Welt" im Menschen und um den Menschen schweigt. Gott ist niemals da, wo etwas berechnet wird. Er, der Ich-bin-da, die reine Gegenwärtigkeit wird von einem Menschen in reiner Gegenwärtigkeit erfahren. Dann tritt er aus seiner Wohnung hervor. Immer ist er drauf und dran, aus seiner Wohnung hervorzutreten, es braucht nur einen Menschen, der schweigt.

Inhaltlich knüpft der Text an die alten Bilder vom Bundeszelt und vom Tempelbau an. (Ex 25ff. und dann bei der Umsetzung wiederholt sich alles, Ex 36f; 1Kön 6) Von der Wohnstätte bzw. der Gotteswohnung ist da die Rede. Beide werden in alle Richtungen vermessen beschrieben, so als käme es noch für den Leser auf jede Elle an. Wer sich entschließt, einmal die ganze Bibel zu lesen, der kommt an dieser Stelle ins Stocken. Die detaillierten Maßangaben langweilen maßlos.

Sacharja setzt einen deutlich anderen Akzent, sein Interesse gilt weniger dem Gemäuer. Außen Feuer, innen Gott, das ist seine Vision, letztendlich die Schechina, der bildlose Gott in reiner Gegenwart. In Exodus und 1Könige wird das Beschreibbare von Bundeszelt und Tempel genau beschrieben, sowie die Darstellung der Cherubim und doch geht es auch hier um das Dazwischen, den Raum zwischen den Cherubim, die Gegenwart Gottes. Sacharja legt die Betonung direkt auf die Gegenwart Gottes und ignoriert das von Menschenhand Gemachte, in seinem Text kommt es nicht vor, stattdessen das Hören des Menschen auf Gott. Gott wohnt weniger zwischen einer genauen Zahl von Ellen als vielmehr in der Mitte des Einzelnen, wie der Gruppe von Menschen, die seiner Weisung folgen. Gottesherrschaft verwirklicht sich da, wo Menschen der Weisung Gottes folgen. Auch hier braucht es immer beides.

Und alle Welt schweige in der Gegenwart des Herrn – könnte das nicht ein heimliches Lied auf den Sabbat sein? Alle Geschäftigkeit ruht, damit Gott hervortritt aus seiner heiligen Wohnung. Er will die Welt zu seiner Wohnung machen.

Wenn Gott hervortritt, ist Sabbat.

Wenn Sabbat ist, tritt Gott hervor.

Da wird nicht mehr gemessen.

Die Welt fällt anbetend nieder in der Gegenwart des Herrn.

Indem sie Gott in ihrer Mitte heiligt, heil(ig)t sie sich selbst.

Der Sabbat ist (ein Vorgeschmack auf die) messianische Zeit.

Ich glaube, sie ist das große Thema des Sacharja.

Vielleicht ist die messianische Zeit gar kein geschichtliches Datum, sondern ein Zustand, der Zustand, wenn alle Welt in mir schweigt. Dann erfahre ich eine dichte Präsenz, die nicht zu ermessen ist. Das fühlt sich gerade so an, wie Sacharja es beschreibt, Gott tritt hervor und seine heilige Wohnung ist mein Herz. Es gibt dann keine Grenzen, nicht zwischen Gott und mir und nicht zwischen dir und mir, nicht zwischen gestern und heute und morgen. Gott ist Gegenwart, Ich-bin-da und das heißt alles ist immer da, die Grenzen ziehe ich selbst. Das neue, von Gott geschaffene Jerusalem wird keine Grenzen haben, ihm reicht Gott in seiner Mitte und ein Ring aus Feuer.

Gott lässt den Prozess platzen

Otto Wahl

Text: Sacharja 3,1-10

3,1 Danach ließ er mich den Hohenpriester Jeschua sehen, der vor dem Engel des Herrn stand. Der Satan aber stand rechts von Jeschua, um ihn anzuklagen.
2 Der Engel des Herrn sagte zum Satan: Der Herr weise dich in die Schranken, Satan; ja, der Herr, der Jerusalem auserwählt hat, weise dich in die Schranken. Ist dieser Mann nicht ein Holzscheit, das man aus dem Feuer gerissen hat?
3 Jeschua hatte nämlich schmutzige Kleider an, als er vor dem Engel stand.
4 Der Engel wandte sich an seine Diener und befahl: Zieht ihm die schmutzigen Kleider aus! Zu ihm aber sagte er: Hiermit nehme ich deine Schuld von dir und bekleide dich mit festlichen Gewändern.
5 Und ich befehle: Man soll ihm einen reinen Turban aufsetzen. Da setzten sie ihm den reinen Turban auf und bekleideten ihn mit Festgewändern, und der Engel des Herrn stand dabei.
6 Der Engel des Herrn versicherte Jeschua:
7 So spricht der Herr der Heere: Wenn du auf meinen Wegen gehst und wenn du meine Ordnung einhältst, dann wirst du es sein, der mein Haus regiert und meine Vorhöfe verwaltet, und ich gebe dir Zutritt zu meinen Dienern hier.
8 Höre, Hoherpriester Jeschua: Du und deine Gefährten, die vor dir sitzen, ihr seid Männer, die Wahrzeichen sind. Denn siehe, ich will meinen Knecht kommen lassen, den Spross.
9 Denn der Stein, den ich vor Jeschua hingelegt habe – auf diesem einen Stein sind sieben Augen. Ich ritze in ihn eine Inschrift ein – Spruch des Herrn der Hee-

re –, und ich tilge die Schuld dieses Landes an einem einzigen Tag.
10 An jenem Tag – Spruch des Herrn der Heere – werdet ihr einander einladen unter Weinstock und Feigenbaum.

Vergegenwärtigung

Die Zeit nach der babylonischen Gefangenschaft (586-539) war für die kleine jüdische Gemeinde in dem zerstörten Jerusalem nicht gerade ermutigend, um nicht zu sagen hoffnungslos. Der persische König Kyrus, welcher 539 das neubabylonische Reich erobert hatte, erlaubte schon 538 den gefangenen Judäern die Heimkehr in ihr Land. Es waren wohl nicht allzu viele, die von dieser Erlaubnis Gebrauch machten. Sie hatten sich in der Fremde im Verlauf von fast fünf Jahrzehnten eine neue Existenz aufgebaut, während das Land Juda nach der Katastrophe von 586 immer noch ein Trümmerfeld war. Dazu hatten die in Palästina Zurückgebliebenen seit einem halben Jahrhundert den Besitz der nach Babylon Deportierten längst unter sich aufgeteilt. Als nun die ersten Rückwanderer ankamen, waren sie im eigenen Land zu Fremdlingen geworden. So kam es, dass sie, die bewusst religiös Eingestellten, zugleich bitter arm waren, während die im Land Gebliebenen wirtschaftlich zwar besser gestellt, aber praktisch zu Halbheiden geworden waren, die mit dem Glauben der Väter nicht mehr viel anfangen konnten. Der erste Versuch der Frommen, gleich nach der Heimkehr mit dem Aufbau des Tempels zu beginnen, wurde von vielen Seiten sabotiert. Erst 520 konnten die beiden Propheten Sacharja und Haggai einen neuen Versuch starten, mit dem Tempel, so klein er auch war, einen religiösen und politischen Mittelpunkt für die im übrigen heillos zerstrittene Jerusalemer Gemeinde zu schaffen. Dank der Unterstützung durch die beiden Führergestalten der Gemeinde, den Hohenpriester Jeschua und den davidischen Statthalter Serubbabel, konnte der kleine Tempel dann 515 endlich eingeweiht werden. Aber die vielgestaltigen Probleme des kleinen Restvolkes Juda belasteten auch in vielerlei Hinsicht das Zusammenleben der verschiedenen Gruppen.

Der Prophet Sacharja verkündete im Auftrag Gottes der Gemeinde als Botschaft seiner acht Nachtgesichte (1,7-6,8), dass Gott sein Volk nicht vergessen hat, vielmehr in Treue zu seinem Volk steht und dessen Zukunft und das Kommen der Heilszeit garantiert. Das vierte Nachtgesicht, Sach 3,1-10, bringt die Auskunft Gottes in einer heiklen Angelegenheit. Gegen den Hohenpriester Jeschua, der aus Babylon zurückgekehrt ist, wurden schwere Vorwürfe erhoben. Fromme Kreise forderten seinen Rücktritt. Vielleicht warfen sie ihm vor, in Babylonien eine Heidin geheiratet zu haben, oder dass er sich andere Dinge zuschulden kommen lassen hat, die zu seiner Absetzung führen konnten. In dieser nächtlichen Vision erfährt der Prophet, wie Gott die Dinge sieht. Dabei wird deutlich, dass Gottes Gerechtigkeit ganz andere Maßstäbe hat als die Menschen, vor allem als die Eiferer in der Gemeinde. Der Prophet wird in dieser Belehrungsvision Zeuge eines himmlischen Prozesses. Der Angeklagte ist der Hohepriester Jeschua, der in schmutzigen Kleidern dasteht, wie in Israel für Angeklagte üblich. Ankläger ist der Satan; nach der damaligen Vorstellung noch nicht der Inbegriff des Bösen, sondern der himmlische Staatsanwalt, der täglich die Verfehlungen der Menschen, hier des Angeklagten, der Wahrheit entsprechend, bei Gott vortragen muss, wie es auch Ijob 1,6-12 darstellt. Der Vertreter Gottes, der Sprecher des obersten Gerichtsherrn, ist der Engel des Herrn, der auch sonst in den Nachtgesichten des Sacharja die Verbindung zwischen Gott und den Menschen herstellt. Hier muss er nun im Auftrag Gottes die Anklage des Satan abweisen, nicht, weil die Vorwürfe, die in der Gemeinde laut werden, unbegründet wären, sondern weil „Jahwe ein barmherziger und gnädiger Gott ist, langmütig, reich an Huld und Treue" (Ex 34,6). Gott offenbart sich hier ungeachtet der Sünden des alten wie des nun wieder entstehenden neuen Jerusalems als der unerschütterlich treue Bundesgott. „Er hat Jerusalem auserwählt" (V. 2), und zwar unabhängig vom rechten Verhalten des Gottesvolkes und mit unwiderruflicher Gültigkeit.

Die Frage des Engels des Herrn, „Ist dieser Mann nicht ein Holzscheit, das man aus dem Feuer gerissen hat?" (ebd.), bezieht sich auf die Zeit der babylonische Gefangenschaft, aus der Gott sein Volk und auch den keineswegs vorbildlichen Hohenpriester gleichsam wie einen Balken aus dem Feuer gerissen hat. Mit einem halbverbrannten Holzstück kann man nichts Sinnvolles mehr bauen. Gott bedient sich aber bei seinem Heilswirken in der Welt stets solcher schwacher, von der Sünde angefressener Menschen, um mit ihnen trotz allem sein Reich zu errichten. Deshalb sprachen die Kirchenväter von der „ungetreuen, heiligen Kirche". Wollte Gott auf Menschen warten, die nie „ausgeflippt" sind, dann hätte er die Heilsgeschichte, in der doch Menschen mitarbeiten dürfen, gleich gar nicht anzufangen brauchen.

Hinter der Frage des Engels steht auch eine zweite, was denn der Satan und desgleichen die ganzen Frommen von Jerusalem, deren Anklage der Satan vorträgt, für das Heil der Welt geleistet haben, während Gott bei seiner Rettung der Menschen aus Babylon – bildlich gesprochen – gleichsam die Finger schmutzig gemacht hat. Demonstrativ befiehlt daher der Engel des Herrn seinen Dienern, dem Hohenpriester als Zeichen der göttlichen Neubestätigung in seinem Amt die schmutzigen Kleider auszuziehen und ihn mit festlichen Gewändern zu bekleiden. In einer fast sakramentalen Lossprechungsformel wird die Bedeutung dieser Investitur feierlich ausgesprochen: „Hiermit nehme ich deine Schuld von dir und bekleide dich mit festlichen Gewändern" (V. 4). Der reine Turban und die Festgewänder, die Jeschua angelegt bekommt, stellen seine Würde heraus und machen die Bestätigung in seinem Amt durch Gott selbst vor allen Gemeindemitgliedern sichtbar. Die Frommen, welche in heiligem Zorn die Amtsenthebung Jeschuas gefordert haben, und zwar nach ihrer Meinung völlig zu Recht, müssen sich von Gottes ganz anderer Gerechtigkeit korrigieren lassen. Diese erweist sich als Barmherzigkeit, die deshalb uns in unserer Herzenshärte provozieren will. Sie schenkt uns sündigen Menschen immer wieder einen neuen Anfang. Daher jubeln in Offb 12,10 die aus der Macht der Sünde Befreiten: „Jetzt ist er da, der rettende Sieg, die Macht und die Herrlichkeit unseres Gottes, denn gestürzt wurde der Ankläger unserer Brüder, der sie Tag und Nacht vor unserem Gott verklagte".

In den Versen 7 und 8 bestätigt Gott dann durch seinen Engel den Hohenpriester zudem als seinen erwählten Stellvertreter bei der Verwaltung des Tempels mit seinen Höfen und

Nebenräumen. Auch verleiht Gott dem Hohenpriester Jeschua eine Brückenfunktion zwischen Gott und seinem Volk: Er erhält nun als Freund Gottes freien Zutritt zum Bereich Gottes bzw. zu dem ihn vertretenden himmlischen Hofstaat.

In den Versen 8 bis 10 – vielleicht eine spätere Ergänzung – werden Jeschua und die anderen Priester als Wahrzeichen, als gültige Institution im Bereich des Heilswirkens Gottes in der Welt bezeichnet, die ihre Legitimation von Gott selbst erhält. Ihr Dienst dient der Vorbereitung des Kommens des Messias, des „Knechtes Gottes", des „Sprosses", den Gott aus der trostlosen Situation der Gemeinde unwiderstehlich herauswachsen lässt. Nach den Aussagen der fünften Vision, 4,1-14, denkt der Prophet im Sinne der Naherwartung hier wohl an den Davidsspross Serubbabel als den erwarteten Messias. Diese Hoffnung wurde jedoch enttäuscht, weil Serubbabel aus unbekannten Gründen bald von der politischen Bildfläche verschwand. Ferner wird das „unauslöschliche Siegel", die Beauftragung der Priesterschaft durch Gott, hier beschrieben durch das Einritzen der Namen in den Stein, eine schriftliche Festlegung Gottes auf seine Diener, die durch nichts mehr, auch nicht durch die Sünde, ausgelöscht werden kann. Die sieben Augen des Steins stehen wohl für das tröstliche Wissen, dass Gott interessiert und liebevoll seine Sache in Jerusalem in umfassender Weise im Auge behält.

Wichtig ist auch die Zusage Gottes angesichts der heillosen Sündenverstrickung Jeschuas und der ganzen Gemeinde, aus der sich die Menschen aus eigener Kraft nicht befreien können, dass Gott spielend leicht mit der Sünde fertig wird: „Ich tilge die Schuld dieses Landes an einem einzigen Tag" (V. 9).

Wenn Gott selbst so rettend und befreiend eingreift, dann hört auch die Feindschaft und Zerrissenheit der Gemeindemitglieder auf: „Sie werden einander einladen unter Weinstock und Feigenbaum" (V. 10), und ein Friedensfest miteinander feiern, statt sich gegenseitig anzuklagen und zu bekämpfen. Diese große Versöhnung aller in der Endzeit ist jedoch wie auch die Tilgung der Sünden nicht Menschenwerk, sondern befreiende Tat Gottes, „des Herrn der Heere" (ebd.). Für Gott bedeutet dieses sein Heilshandeln, das endzeitliche machtvolle Sichdurchsetzen seiner Königsherrschaft gegen alle menschliche Schuld und gegen sämtliche Unheilsmächte der Weltgeschichte, das erklärte Ziel seines großen Erlösungswerkes mit Israel und der gesamten Menschheit. Bis zu diesem Endsieg Gottes verpflichtet Gott die Menschen, wenn er schon so große Geduld mit ihnen hat und ihnen soviel anvertraut, dass auch sie miteinander Geduld haben und bereit sind, einander zu vergeben und gemeinsam das große Freudenfest zu feiern. Sie können dabei der sieghaften Macht der Sache Gottes vertrauen, die im Ostersieg Christi grundsätzlich schon auch für uns alle den ersehnten Durchbruch zur Herrlichkeit geschafft hat, in die Gott uns Menschen aufnehmen will. Er allein wird so mit unserer Sünde fertig. Darauf dürfen wir auch heute und morgen unsere Hoffnung setzen. Der Prozess gegen den sündigen Hohenpriester, den Gott platzen lässt, ermutigt daher auch uns, dankbar dieser frohen Botschaft von Sach 3,1-10 von Gottes ganz anderer Gerechtigkeit zu vertrauen.

Gottes Träume werden wahr

Ehrenfried Schulz

Text: Sacharja 4,1-6.10-14

4,1 Danach kehrte der Engel, der mit mir redete, zurück, weckte mich, wie man jemand vom Schlaf aufweckt,
2 und sagte zu mir: Was hast du gesehen? Ich antwortete: Ich hatte eine Vision: Da stand ein Leuchter, ganz aus Gold, darauf eine Schale und auf ihr sieben Lampen mit je sieben Schnäbeln für die Flammen auf den Lampen.
3 Zwei Ölbäume standen daneben, der eine rechts, der andere links von der Schale.
4 Und ich sprach weiter und fragte den Engel, der mit mir redete: Herr, was bedeuten diese Ölbäume?
5 Der Engel, der mit mir redete, antwortete mir: Weißt du nicht, was sie bedeuten? Ich erwiderte: Nein, Herr.
6 Da erwiderte er und sagte zu mir: So lautet das Wort des Herrn an Serubbabel: Nicht durch Macht, nicht durch Kraft, allein durch meinen Geist! – spricht der Herr der Heere.
7 Wer bist du, großer Berg? Vor Serubbabel wirst du zur Ebene. Er holt den Schlussstein hervor, und man ruft: Wie schön ist er, wie schön!
8 Da erging das Wort des Herrn an mich:
9 Serubbabels Hände haben den Grund zu diesem Haus gelegt, und seine Hände werden es vollenden, damit man erkennt, dass mich der Herr der Heere zu euch gesandt hat.
10 Denn wer gering dachte von der Zeit der kleinen Anfänge, wird sich freuen, wenn er den auserlesenen Stein in Serubbabels Hand sieht. Das sind die

sieben Augen des Herrn, die über die ganze Erde schweifen.
11 Ich fragte ihn weiter: Was bedeuten die zwei Ölbäume auf der rechten und auf der linken Seite des Leuchters?
12 Und weiter fragte ich ihn: Was bedeuten die zwei Büschel von Olivenzweigen bei den beiden goldenen Röhren, durch die das goldene Öl herabfließt?
13 Er sagte zu mir: Weißt du nicht, was sie bedeuten? Ich erwiderte: Nein, Herr.
14 Er sagte: Das sind die beiden Gesalbten, die vor dem Herrn der ganzen Erde stehen.

Vergegenwärtigung

„Träume sind Schäume" – oder mehr?

Wenn uns jemand beim Frühstück erzählt, was er nachts Wichtiges geträumt hat, dann wird er von uns vermutlich ein müdes Lächeln ernten oder das geflügelte Wort zu hören bekommen: „Träume sind Schäume". Damit signalisieren wir ihm: Nimm deine Traumgeschichte nicht so ernst. Die Träume gehören nun einmal zum Schlaferlebnis und sind Bestandteile der Phantasie.

Demgegenüber geht die tiefenpsychologische Forschung seriöser mit der Traumwelt um. Für sie ist der Traum eine bestimmte Mitteilung des Unbewussten, die als Ergänzung des Wachbewusstseins gilt. Was der Träumer über seinen Traum zu erzählen weiß, so die Psychoanalyse, sei lediglich deren manifester Trauminhalt. Hinter diesem verbergen sich weitere unbewusste Traumnachrichten, die Therapeut und Klient gemeinsam aufzuspüren und zu deuten trachten.

Erfinder und Entdecker als Tagträumer

Auf den ersten Blick ist erstaunlich, dass der ausgesprochen nüchterne Bereich von Naturwissenschaft und Technik den Traumgebilden ebenfalls große Bedeutung zumisst. Jedoch sind hier nicht die nächtlichen Träume, sondern die am Tag geträumten Träume gemeint. Sämtliche Erfinder bilden gewissermaßen eine Gruppe von Tagträumern. Was sie mit Verstandeskraft ersinnen und auf dem Reißbrett oder im Labor erproben, das ist Neuland. Jedenfalls hat es das Ersonnene in der Realität s o noch nicht gegeben. Es stimmt: Erfinderträume schaffen neue Wirklichkeiten.

In Sacharjas nächtlichem Traumgesicht...

Träume spielen auch in der Hl. Schrift eine bedeutsame Rolle. Nach antiker Auffassung bringen Träume den Menschen in Berührung mit Gottes Offenbarungen. In aller Regel werden diese nicht psychologisch gedeutet. Aber es gilt achtsam zu sein; denn schon immer gab es Menschen, die mit falschen Orakeln einfach Geld verdienen wollten. So warnt die Tora (Dtn 13,2) ausdrücklich vor selbsternannten Propheten und Träumern, die Israel zum Abfall vom Jahwe-Glauben verführen wollen. So greift Jeremia (23,15-18) jene Pseudopropheten scharf an, die „die Träume des eigenen Herzens" als Gottes Wort ausgeben.

Gleichwohl offenbart sich Jahwe auch selber in Traumgesichten, gilt doch die „Gabe der Traumdeutung" (Dan 1,17) ausdrücklich als Jahwes Privileg. Im voranstehenden Lesungstext haben wir es mit einer solchen von Jahwe autorisierten und an den Propheten Sacharja gerichteten Traumvision zu tun. Sacharja wirkte in Jerusalem während der Jahre 520-518 v. Chr., vielleicht auch etwas länger. Es ist die Zeit nach dem babylonischen Exil. Die aus dem Exil Zurückgekehrten finden ihre Heimatstadt und den berühmten Tempel Salomos nur noch als Ruinen vor. So prägt nicht Freude über die wieder erlangte Freiheit ihre Gemütsverfassung, sondern abgrundtiefe Niedergeschlagenheit.

Namen haben in der Bibel stets eine religiöse Bedeutung. Der Name „Sacharja" heißt übersetzt: „Jahwe war eingedenk". Wenn sich also Sacharja mit seinem Namen vorstellte, dann müssen sich die Angesprochenen zuerst gefragt haben: Was heißt das (für uns)? „Jahwe war eingedenk"? Was hat der Prophet von Jahwe eventuell noch zu übermitteln?

...drängt Jahwe die aus dem Exil Heimgekehrten zum Wideraufbau des Tempels...

Jahwes zentraler Auftrag lautete: Ihr heimgekehrten Exilanten verbleibt nicht in eurer Depression. Ich bestätige, dass euer Umkehrwille und Gesinnungswandel echt sind. Weil ihr im Herzen alle Sünde abgestreift habt, deshalb will ich, dass ihr als Reingewordene nun den Tempel, meine Wohnstätte, in gleicher Pracht wie vordem errichtet. Auch wenn eure Vorfahren mir gegenüber ungehorsam waren, so betrachte ich mein Volk Zion weiterhin als „meinen Augapfel" (Sach 2,12). Auch fortan werde ich niemandem gestatten, euch, mein Volk, anzutasten. Wenn ihr also in meinem Bund bleibt, dann werden sich euch in Zukunft viele Völker anschließen. Und ihr alle gemeinsam werdet dann mein großes Bundesvolk sein.

...und versichert seinen Erwählten bleibende Treue

Sacharjas nächtliches Traumgesicht „Von der Bühne mit dem goldenen siebenarmigen Leuchter und den sieben Lampen" gilt als Symbol für Jahwes Gegenwart. Die sieben Lichter symbolisieren die „Augen Jahwes". Sie schweifen sozusagen über den Erdkreis, um zu prüfen und um dann all jenen ein starker Helfer zu sein, die mit ungeteiltem Herzen Jahwes Bund einhalten.

So tritt in dieser Vision Sacharjas zur zeitgeschichtlich aktuellen Eingebundenheit für die hörende Gemeinde in Jerusalem eine überzeitlich gültige Aussage hinzu. Sie lautet: Jahwe als „Herr der ganzen Erde" bleibt seinen Erwählten und Getreuen in allen Kulturen zugewandt. Er, der in seiner Wirkmacht „Berge versetzen" kann, geht mit allen Menschen guten Willens durch dick und dünn. Und das Ergebnis von Sacharjas Rede ist: Sie entfacht bei den niedergeschlagenen Zeitgenossen neuen Eifer. Diese begeben sich beherzt an die Wiederherstellung des Tempels und schauen mit neugewonnener Zuversicht in die Zukunft.

Kehren wir abschließend noch einmal zur eingangs gestellten Frage zurück. „Sind Träume nur Schäume" – oder doch mehr? Dann sind sie „mehr", wenn sie wie im Traumgesicht des Propheten Sacharja einzig Jahwe zum Urheber haben. Sein machtvolles Offenbarungsversprechen heißt: Trost, Ermutigung, Beistand. Und diese seine Zusage gilt allen Bündnisgetreuen bis zu jenem Zeitpunkt, an dem Jahwe ein letztes Mal in die Geschicke der Welt eingreifen wird, um den verheißenen neuen Himmel und die neue Erde heraufzuführen (Offb 21,1-4).

Die fliegende Schriftrolle

Ehrenfried Schulz

Text: Sacharja 5,1-4

5,1 Wieder blickte ich hin und sah eine fliegende Schriftrolle.
2 Er fragte mich: Was siehst du? Ich antwortete: Ich sehe eine fliegende Schriftrolle, zwanzig Ellen lang und zehn Ellen breit.
3 Da sagte er zu mir: Das ist der Fluch, der über die ganze Erde dahinfliegt. An jedem, der stiehlt, wird Rache genommen, dem Fluch entsprechend; und an jedem, der schwört, wird Rache genommen, dem Fluch entsprechend.
4 Ich habe den Fluch dahinfliegen lassen – Spruch des Herrn der Heere –, und er wird eindringen in das Haus des Diebes und in das Haus dessen, der bei meinem Namen einen Meineid schwört. Und der Fluch wird im Innern seines Hauses bleiben und wird es vernichten samt Holz und Steinen.

Vergegenwärtigung

In der heutigen medialen Gesellschaft sind fliegende Schriftrollen selten. Eher können wir von E-Mails und SMS berichten, welche fliegend zum Adressaten kommen. Damit diese heutigen fliegenden Schriftrollen auch ankommen, muss eine Verbindung bestehen – in mehrfacher Hinsicht! Im Alten Testament wird diese Verbindung „Bund" genannt.

Der Bund, den Jahwe mit Mose und den Stämmen Israels am Sinai schließt, ist tief im Bewusstsein des jüdischen Volkes verankert. Doch stellt der Sinaibund keineswegs den Anfang der Kontaktnahme Jahwes dar. Ihm gehen vielmehr zwei Bundesschlüsse voraus: der Bund mit Noach (Gen 9,8.17) und mit Abraham (Gen 15 u. 17). Der Sinaibund allerdings weitet die Bündnisvereinbarungen mit den Stammvätern auf das ganze Volk aus. Zum Zeichen dieses Bundes erhält Mose als direkte Offenbarung Gottes an das Volk die „Zehn Gebote" (Dekalog). Sie sind eingemeißelt auf zwei Steintafeln. Während die erste Tafel den direkten Umgang zwischen Israel und Jahwe thematisiert, fordert die zweite Tafel das mitmenschliche Ethos ein.

Auffälligerweise beginnen die Zehn Gebote nicht mit „Du sollst", sondern damit, dass Jahwe sich zunächst seinem Volk vorstellt. Die Selbstbezeichnung Jahwes (JHWH) ist kein Name im gängigen Sinn, wie wir ihn von den Eltern erhalten haben, um einander zu benennen oder herbeizurufen. Sein Name drückt ihn vielmehr als einen einzigartigen Beziehungsgott aus. Übersetzt heißt „Jahwe": „Ich-bin-da, der-immer-schon-da-ist". Mit anderen Worten: Ich bin derjenige, der vor euch da war, der stets bei euch ist und der euch immer dort erwartet, wohin ihr auch gehen werdet. Jahwe ist an keinen Ort gebunden. Er ist dort, wo die Menschen sind.

Das „Markenzeichen" des jüdisch-christlichen Gottes ist es, dass er eben nicht nur „ist", sondern dass er seinem Volk etwas Einmaliges „getan" hat: Er hat Israel aus dem Sklavenhaus Ägyptens herausgeführt. Jahwe ist also ein Gott, der sich mit seinen Taten zu erkennen gibt. „Erinnere dich", sagt er zu seinem Volk, „dass du mit mir längst gute Erfahrungen gemacht hast, damals als es dir schlecht ging. Insofern geht den „Zehn Weisungen", die ich nun an dich richte, meine umfassende Fürsorge voraus. Mein rettendes Handeln an dir ist der alles bestimmende Grundakkord."

„Du wirst doch nicht..."
Der Dekalog als Forderungskatalog, Jahwes Heilshandeln in dieser Welt fortzuführen

Die Zehn Gebote sind keine Gesetze im Sinne des weltlichen Rechts. Wer nämlich die staatlichen Gesetze nicht aktenkundig übertritt, der kann problemlos ein gutes polizeiliches Führungszeugnis ausgestellt bekommen. Deswegen muss der Betreffende noch lange nicht mit den Vorstellungen des Dekalogs in Einklang stehen; denn den Zehn Geboten geht es zwar auch um rechtes Handeln, vor allem aber geht es ihnen – und das ist der klare Unterschied zum staatlichen Gesetz – um die jeglichem Tun und Lassen voraus- und zugrundeliegende ethisch einwandfreie Gesinnung.

Wenden wir uns noch einmal dem leitenden Grundakkord des befreiend-rettenden Handelns Jahwe zu. Jetzt verstehen wir besser, was er von uns mit der Übergabe des Dekalogs erwartet: das Miteinschwingen in seine Denk- und Handlungsweise: „Weil ich, Jahwe, dich aus der Knechtschaft befreit habe, weil ich dich in der Wüste mit Wasser und Nahrung versorgt habe, und weil ich dir in allen Gefahren des Lebens die Todeswege ersparen will, deshalb wirst du doch nicht (so töricht sein und)

- andere Götter neben mir haben
- das Leben von Mitmenschen zerstören

– die eigene Familie, die deine Lebensgrundlage ist, gering schätzen.

Diebstahl und Meineid gehören im Volk Gottes ausgerottet

Auf zwei Bereiche der sozialen Beziehungen wollen wir genauer hinschauen, weil sie in unserem Lesungstext, im Traumgesicht des Propheten Sacharja, im Mittelpunkt stehen. Konkret geht es um den Bruch der Gebote sieben und acht, um Diebstahl und um Meineid. Beides Unrecht schreit zum Himmel.

Sacharja erfährt in einer beklemmenden Vision Jahwes Verfluchung der Übeltäter, und er muss diese laut kundtun. Worum handelt es sich? Nach sechs Jahrzehnten des Exils durften die wieder freigelassenen Juden aus Babylon heimkehren. Verständlicherweise möchten sie den Besitz ihrer Herkunftsfamilie wieder einnehmen. Doch sie bekommen ihn nicht. 586 v. Chr. waren nämlich nicht alle Israeliten aus Jerusalem verschleppt worden. Während der Zeit des Exils hatten nun viele der Daheimgebliebenen jenes Eigentum an sich gerissen. Jetzt verweigern sie die Rückgabe der Güter und lehnen auch ein schlichten wollendes Übereinkommen ab. Selbst vor dem weltlichen Gericht können die Betrogenen die Herausgabe des annektierten Eigentums nicht erstreiten, da die Okkupanten Stein und Bein schwören: sie allein seien seit Anbeginn die rechtmäßigen Eigentümer. Da entbrennt Jahwes Zorn wider die Gesetzesbrecher, und durch den Mund Sacharjas erhebt er flammenden Widerspruch: „Das ist der Fluch, der über die Erde dahinfliegt. An jedem, der stiehlt, wird Rache genommen ... und jedem, der bei meinem Namen einen Meineid schwört ...(dessen) Haus wird vernichtet samt Holz und Stein" (Sach 5,3f).

Jahwe ist kein anderer geworden: So wie er einst für die Stämme Israels Partei ergriff, als er sie aus der Fron Ägyptens herausführte, so ergreift er jetzt Partei für die geprellten Heimkehrer. Unrecht in seinem Volk duldet er nicht. Diebstahl und Falschaussage gehören ausgerottet.

Der Dekalog als Garant des ethisch-verantwortlichen Handelns für das alte wie das neue Israel

Die übergeordnete Gesamtperspektive des Sinaibundes war Jahwes Befreiungstat. Bis heute ist diese durch nichts überholt oder abgelöst. In den auf den zwei Gesetzestafeln eingeschriebenen Zehn Geboten haben wir gleichermaßen einen Kompass zur Lebensorientierung und eine Einladung zum Mitwirken an Jahwes Befreiungshandeln erhalten. Jede Tafel schärft dafür die Blickrichtung. Die Gebote der ersten Tafel schärfen uns das Bild Gottes ein: Jahwe ist ein Beziehungsgott, ein Mitgehergott, ein Gott des Lebens. Deshalb hat er die Menschen (als Mann und Frau) nach seinem Bild und Gleichnis erschaffen. Der Schöpfergott gibt damit jeder Person seine einmalige Würde. Und diese Würde des Menschen schützt er durch die Gebote der zweiten Tafel. An uns liegt es, in Jahwes Heilshandeln einzuschwingen. Das heißt: Halten wir die Verbindung immer aufrecht, damit Gottes Botschaft bei uns ankommen kann.

Bild der Hoffnung

Ludwig Mödl

Text: Sacharja 5,5-11

5,5 Der Engel des Herrn, der mit mir redete, kam und sagte zu mir: Blick hin und sieh, was sich zeigt!
6 Ich fragte: Was ist das? Er antwortete: Was sich dort zeigt, ist ein Fass. Und er fuhr fort: Das ist ihre Schuld auf der ganzen Erde.
7 Und siehe: Ein Deckel aus Blei wurde (von dem Fass) gehoben, und in dem Fass saß eine Frau.
8 Er sagte: Das ist die Ruchlosigkeit. Darauf stieß er sie in das Fass zurück und warf den bleiernen Deckel auf die Öffnung.
9 Als ich aufblickte und hinsah, da traten zwei Frauen hervor, und ein Wind füllte ihre Flügel – sie hatten nämlich Flügel wie Storchenflügel –, und sie trugen das Fass zwischen Erde und Himmel fort.
10 Darauf fragte ich den Engel, der mit mir redete: Wohin bringen sie das Fass?
11 Er antwortete mir: Im Land Schinar soll für die Frau ein Tempel gebaut werden. Er wird auf festem Grund stehen, und dort wird sie an ihrem Platz aufgestellt werden.

Vergegenwärtigung

Bilder der Hoffnung braucht ein Menschen, wenn er aus irgend einem Grund verunsichert ist – mag er einen lieben Menschen verloren haben, mag er finanziell in Schwierigkeiten geraten sein, mag er beruflich einen Misserfolg gehabt haben, mag ein Konkurrent ihm in die Quere gekommen sein, mag er mit jemandem in Spannung leben oder mag er wegen der gesellschaftlichen Lage in Angst geraten. Er braucht Stütze, er braucht Hoffnung. Einen Hoffnungs-Text stellt die Lesung aus dem Propheten Sacharja dar, die wir gehört haben.

Die Heimgekehrten

Als die Israeliten aus der Babylonischen Gefangenschaft heimkehren durften, war der Jubel sehr kurzzeitig. Was sie vorfanden, waren Trümmer. Viele Häuser waren eingefallen, die Mauer der Hauptstadt Jerusalem war geschleift und vor allem der Tempel war eine Ruine. Was sie mitbrachten, reichte mitnichten für den Aufbau, glich einem Tropfen auf einen heißen Stein: Steine lagen viele herum. Aber woher sollten sie das Bauholz beschaffen? Fachkräfte fehlten. Vom Ausland konnte man niemanden holen, woher hätten sie bezahlt werden können? Die Felder waren übersäht mit Steinen, das Saatgut reichte nicht. Räuberbanden konnten nachts ungehindert in die Stadt eindringen, um zu stehlen und zu rauben. Mühsam gestaltete sich der Aufbau. Manche fragten sich: Wozu sich plagen? Was hat's für einen Sinn? Dazu kamen noch Streitereien. Einige übervorteilten andere, handelten nicht im Sinne der Gebote ihres Gottes – waren ruchlos wie die Heiden, wenngleich sie Frömmigkeit vortäuschten. Manche waren der Verzweiflung nahe. Man hatte schon begonnen, den Tempel aufzubauen. Doch auch das ging langsam voran. Da trat der Prophet Sacharja auf. Wie schon zuvor Haggai, so tröstete und stärkte er. Bilder der Hoffnung kündete er. Er erzählte seine Visionen, und den

Leuten gingen die Herzen auf. Sie merken in diesen Bildern: Wir haben eine Zukunft. Die „Gott-Rede", in Bilder eingetaucht, öffnete ihnen den Blick. Sie ahnten: Es wird weitergehen, weil der Ewige dahinter steht. Betrachten wir die siebte Vision.

Entdeckung des Grundes der Übel

Ein Holzfass war für die Zeitgenossen des Propheten ein geeichter Behälter für Getreide und damit zugleich ein Maß für eine bestimmte Menge. Der Engel der Vision zeigte dem Propheten so ein Fass. Er benannte es als „ihre Schuld". Das heißt: Es ist ein Fass, in dem gleichsam das Maß ihrer Schuld steckt. Auffallend ist an ihm: Es hat einen bleiernen Deckel. Bleideckel verwendete man, wenn in einem Behälter etwas Gefährliches steckte. Dann wurde der Deckel gehoben. Heraus kam eine Frauengestalt, die Verführerin. Es ist die „Ruchlosigkeit", so sagte der Engel. Und damit waren wohl mehrere negative Elemente bezeichnet, welche die Menschen belasten: Es sind die menschlichen Gemeinheiten, die heidnische Nützlichkeitsmoral, ein niederträchtiges Verhalten und sonstige negative Eigenschaften. Offensichtlich war das Fass von Babylon mitgekommen. Und die Verführerin hat im Volk schon viel bewirkt, auch wenn sie eingesperrt schien. So erklären sich die Hässlichkeiten, die Intrigen, und die subversiven Arbeiten. Damit sollte jetzt Schluss sein! Die Ruchlosigkeit hat auf der Welt zwar einen festen Platz – leider –, aber sie soll in Jerusalem künftig nicht mehr wirken können. Jetzt, wo das Fass geöffnet wurde und deutlich geworden war, woher die Intrigen und Hässlichkeiten kamen, kann die subversive Arbeit gestoppt werden. Der bleierne Deckel verschließt wieder den Behälter. Und Frauenwesen, jetzt nicht verführerische, tragen ihn fort, in das ferne Land Schinar. Schinar ist Babylon.

Rücktransport nach Babylon – dem Ort der Prüfung und Reinigung

Dort war in Urzeiten der Turm errichtet worden, bei dessen Bau die Menschen begonnen haben, sich nicht mehr zu verstehen. Nicht in abgründiger Bosheit entwickelte sich die Ruchlosigkeit, sie entstand aus unterschiedlichen Interessen heraus: Jeder Mensch wollte höher hinaus, wollte den Himmel erstürmen, um sich selbst die Gesetze zu geben und als gut zu erklären, was er meinte, dass es ihm gut täte. So musste er doppelzüngig reden und taktieren und irgendwann auch intrigieren. So brachte er die Menschen durcheinander, und es entstand das Tohuwabohu, das immer wieder hervorbricht.

In dieses Land Babylon war das Gottes-Volk vor vier oder fünf Generationen entführt worden. Dort musste es sich neu formieren, musste nachdenken über die eigene Geschichte und die Berufung. Da erkannten die Einsichtigen gerade dort, im Land der Verbannung: JHWH, unser Gott, ist der Schöpfer des Alls. Er hat nicht nur uns erschaffen, auch unsere Zwingherren sind sein Eigentum. Auch sie wären berufen, ihm zu huldigen. Sie werden – wie wir – nur zum Glück gelangen, wenn sie sich seinen Gesetzen unterwerfen. Und das wird unsere Aufgabe sein: Aller Welt klar zu machen:

„JHWH ist ein barmherziger und gnädiger Gott, langmütig, reich an Huld und Treue" (Ex 34,6).

Nun waren sie, die Israeliten, aus reiner Gnade dieser Gefangenschaft wieder entflohen, bauten das verheißene Land wieder auf und mühten sich, die dabei entstandenen Schwierigkeiten zu meistern. Mitgebracht hatten sie offensichtlich nicht nur die neuen theologischen Erkenntnisse, sondern auch Praktiken des „Durcheinander" aus Babylon. Wie sie in verschlossenen Fässern Getreide transportierten, so war offensichtlich auch die „Ruchlosigkeit" oder sogar ein Stück „Gottlosigkeit" mitgekommen. Dies aber soll jetzt anders werden. Zwei Frauengestalten mit Flügel in der Größe von Storchenflügel, so zeigt die Vision, packten das Fass und trugen es durch die Winde zurück nach Schinar. Dort freilich wurde ihm ein Tempel gebaut. Es wird hofiert. Man nützt es, um Macht zu erhalten, um reich zu werden, um Lebensbrisanz und Lebenslust zu steigern. Das Heidentum treibt dort neue Blüten. Juda aber soll befreit bleiben von der so gefährlichen Versuchung, die im ehrenvollen Mess-Fass eingeschmuggelt worden war. Ohne Intrige, ohne heidnische Einsprengsel soll das Volk von Jerusalem, der Stadt des Ewigen, eine Gesellschaft nach dem Willen Gottes aufbauen. Entsündigt wurde es, so kann es sich auf die Gott-Gesellschaft hin entwickeln.

Zur Ermutigung brachte der Prophet diese Botschaft ins Volk. Er sagte ihnen zum Trost: Die Ruchlosigkeit ist nicht überall, sie ist an einem bestimmbaren Ort. Der Ewige hat Anweisung gegeben, es dort zu deponieren. Der Raum ihres Wirkens ist begrenzt. Sie ist auf ihren Platz verwiesen.

Uns kann diese Botschaft auch – wie den damaligen Israeliten – helfen, den Mut nicht sinken zu lassen. Was immer kommt: Wenn wir Gott ins Spiel bringen, dann verlieren wir nicht die Hoffnung. Und Hoffnung gibt uns Kräfte, die alle Schwierigkeiten überwinden; denn sie besteht aus der Ahnung: Der Ewige zeigt uns eine Zukunft.

Der himmlische Streitwagen

Ludwig Mödl

Text: Sacharja 6,1-8
6,1 Wieder blickte ich hin und sah vier Wagen. Sie fuhren zwischen zwei Bergen hervor, und die Berge waren aus Bronze.
2 Am ersten Wagen waren rote Pferde, am zweiten Wagen schwarze Pferde,
3 am dritten Wagen weiße Pferde und am vierten Wagen gescheckte Pferde, alles starke Tiere.
4 Darauf fragte ich den Engel, der mit mir redete: Was bedeutet das, Herr?
5 Der Engel gab mir zur Antwort: Das sind die vier Winde des Himmels, die vor dem Herrn der ganzen Erde standen und nun losstürmen.
6 Die schwarzen Pferde gehen in das Land des Nordens, die weißen gehen nach Westen, die gescheckten gehen in das Land des Südens.
7 Die starken Tiere stürmen los, begierig, die Erde zu durchziehen. Darauf sagte er: Auf, durchzieht die Erde! Und sie durchzogen die Erde.
8 Und er rief mir zu: Sieh dir die Pferde an, die in das Land des Nordens ziehen – sie bringen meinen Geist über das Land des Nordens.

Vergegenwärtigung

Eine Gesellschaft, die keine Maschine kannte, keine Eisenbahn, kein Auto und kein Flugzeug, war angewiesen auf Tiere, um Güter zu transportieren und selbst schneller als zu Fuß vorwärts zu kommen. Ochsen spannte man vor einen

Wagen, um schwere Lasten zu ziehen, Esel dienten als Lastträger und Reittiere. Das edelste Reit- und Zugtier aber war das Pferd. Schnell kann es laufen; es gewöhnt sich an den Menschen, so dass er auf ihm reiten und es in einen Wagen einspannen kann. Kräftig zieht es und kommt dabei schnell voran. Zudem ist es ein edel aussehendes Tier.

Das Bild mit Pferden und Wagen

Beim letzten der Offenbarungs-Träume sieht Sacharja in einem Nacht-Bild Pferde. Zwischen den beiden ehernen Bergen, welche den Eingang zum Paradies säumen, kommen sie hervor. Vier Gespanne sind es. Den ersten Wagen ziehen rote Pferde, den zweiten schwarze, den dritten weiße und den vierten gescheckte. Es sind starke Tiere. Sie stürmen los, die Erde zu durchqueren. Die schwarzen eilen nach Norden, die weißen nach Westen, die gescheckten nach Süden und die roten – davon wird nicht gesprochen – wohl nach Osten, der Morgenröte entgegen. Die vier Winde stellen die Gespanne dar, so sagt der Deute-Engel dem Propheten im Traumgesicht. Und er fordert ihn auf, besonders auf die schwarzen Pferde zu achten, die nach Norden stürmten. Von ihnen wird gesagt: Sie bringen den Geist, den der Engel repräsentiert, ins Land des Nordens.

Nun können wir Bilder nicht eins zu eins auslegen. Ihren Duktus müssen wir erschmecken und daraus ihre Offenbarungs-Botschaft erschließen. Den Zeitgenossen soll diese als Trost und Stärkung gesagt werden. Aber sie hat auch überzeitliche Bedeutung – es ist schließlich Teil der Heiligen

Schrift. Also müssen wir auch fragen, was dieser Trost-Text damals und heute bedeutet.

Das Land des Nordens

Im Norden ist es für gewöhnlich dunkler als im Süden, Osten oder Westen. Aber zugleich war für die Alten in Israel dort die Weltenachse, also der Drehpunkt des Kosmos. Für den Propheten liegt dort auch das Land Babylon, genauer genommen nord-östlich, also in der Tendenz gegen Norden. Dort waren die verschleppten Israeliten lange Jahrzehnte in der Verbannung gewesen. Und offensichtlich lebten zur Zeit der Prophetie noch einige dort. Der Geist aus Jerusalem, aus dem Tempel, in welchem sich der Geist des Ewigen als repräsentativ anwesend erweist, soll die Nordländer besetzen, um dort zu wirken wie er im Heiligtum selbst wirkt. Auch wenn es dort den Tempel der Ruchlosigkeit geben mag – in einem Fass ist sie dorthin transportiert worden. Der Geist des Einzig-Heiligen, der in denen wirkt, die ihm einen symbolischen Platz seiner Gegenwart bauen wollen, soll dort wirken, um die dort Gebliebenen wie auch die ehemaligen Zwingherrn zu erleuchten und sie zur Wahrheit zu führen. Das ist die Botschaft der Vision: Der Hauch des Ewigen, der alles heiligende Geist braust in alle Welt und sogar in die Gegend der Finsternis, um dort all jene zu erfassen, die im gefährlichen Umfeld der „Ruchlosigkeit" leben, welche dort einen Tempel hat.

Das Land Deutschland heute

Diese Botschaft mag auch uns heute ein Trost sein. Unsere plurale Umgebung kennt viele Versuchungen und Verführungen des Heidentums wie auch der „Ruchlosigkeit". Die Zusage, dass der Geist des Einzig-Heiligen den ganzen Raum durchbraust und beeinflusst, ermutigt alle, die glauben. Nicht verloren sind wir im Gewirr der Ansichten und halbreligiösen Praktiken. Die Geist-Kraft unseres Gottes verlässt uns nicht. Sein Windbraus dringt durch alle Ritzen. Nichts und niemand ist so mächtig wie die Luft, die jeder zum Atmen braucht. Der Geist des Ewigen, im Luft-Bild uns als Vergleich gegeben, ist die Atemluft, die denen zur Heilung dient, die durch die vergiftete Luft des Heidentums krank geworden sind. Setzen wir uns der guten Luft der Offenbarung unseres Gottes aus. Dann werden wir heil werden.

VII. Vision im ersten Buch der Könige

Einführung in die Königsbücher

Die Könige sind auch im Alten Testament wichtige Persönlichkeiten. Die Geschichte und theologische Interpretation von einigen sind in den sog. Büchern der Könige verschriftlicht.[1] Sie beinhalten das Ende und den Tod Davids, die Geschichte des Königtums Salomos und seines Tempelbaus im ersten Teil (1Kön 1,1-11,43), die wechselhafte Geschichte der beiden Staaten Juda und Israel im zweiten Teil (1Kön 12,1-2Kön 17,41), sowie im dritten Teil die Berichte von den letzten Königen des Staates Juda (2Kön 18,1-25,30). Die Königsbücher stellen ursprünglich nur ein Buch dar, das aus Platzgründen erstmals in der griechischen Übersetzung Septuaginta (griech. für 70=LXX) in zwei Bücher aufgeteilt wurde.[2] Die Verfasser sind wahrscheinlich in Jerusalemer Hofbeamten- und Priesterkreisen zu suchen, die inhaltlich mit den Forderungen des Deuteronomium (Kultuseinheit, Kultusreinheit) übereinstimmen. Für eine detaillierte Datierung gibt es nur wenig sichere Hinweise: Die Schrift kann nicht vor 561 abgeschlossen worden sein, wegen der Schilderung über die Begnadigung König Jojachins. In wieweit Redaktionen in die nachexilische Zeit reichen, ist unklar. Die Endfassung ist wohl in die exilisch-nachexilische Zeit anzusetzen.

---

[1] Vgl. umfassend: J. WERLITZ: *Die Bücher der Könige*. NSK AT 8. Stuttgart 2002; G. HENTSCHEL: *Die Königsbücher*. In: E. ZENGER u.a.: *Einleitung in das Alte Testament*. Stuttgart ⁷2008, S. 239-248; DERS.: *1 Könige*. NEB, Würzburg 1984; DERS.: *2 Könige*. NEB, Würzburg 1985; E. WÜRTHWEIN: *Die Bücher der Könige I+II*. ATD Bd. 10+11, Göttingen ²1985, ¹1984.

[2] Vgl. Schlussmasora nach 2Kön 25,30.

In den Königsbüchern geht es um eine Ätiologie des Untergangs von Tempel und Staat, Gründe für Verlust des gelobten Landes und die Zukunftsvisionen.

Zum Text

Der hebräische (masoretische) Text ist zum größten Teil zwar gut, kleinere Abschnitte dagegen schlecht überliefert.[3] Die Texte über die Regierung der verschiedenen Könige weisen ein stereotypisches Schema auf: Thronbesteigung, Regierungsdauer, religiöse Beurteilung, Quellen, Nachfolger. Darüber hinaus werden fast keine Einzeltaten benannt. Auch die Propheten treten mit einer gewissen Stereotypie auf: Es sind immer von JHWH gesandte Männer, die den Untergang von König und Land ankündigen. Ihr Auftreten wird immer gleich geschildert[4]: Wortereignisformel, Begründung, Drohung, Erfüllung. In den Königsbüchern ist ein mehrschichtiger Entstehungsprozess festzustellen. Nach 2Kön 23,26 fehlen die nomistische Terminologie und dtr. Kulttermini, sowie eine theologische Reflexion. Die Königsbeurteilungen der letzten vier Könige Judas fallen sehr kurz aus. Königsbücher verweisen auf verschiedene Quellen: Das Buch der Begebenheiten Salomos (1Kön 11,41) sowie die Annalen der Könige Israels (1Kön 14,19) und der Könige Judas (1Kön 15,7).

---

[3] Vgl. 1Kön 7,19.20.30.31.36.
[4] Vgl. 1Kön 14,7-11, Erfüllung: 15,29f.

Gliederung

1. Teil 1Kön 1,1-11,43
   Ende und Tod Davids
   Königtum Salomos
   Tempelbau

2. Teil 1Kön 12,1-2Kön 17,41
   Die Geschichte der getrennten Reiche
   - Könige Israels und Judas werden wechselweise dargestellt
   - Antagonismus, Prophetie, Königtum
   - Untergang des Nordreiches Israel

3. Teil 2Kön 18,1-25,30
   Die Geschichte der letzten Könige Judas
   Ende: Begnadigung König Jojachins

Schwerpunkte der Theologie[5]

1. Kult: Den Verfassern der Königsbücher ist wichtig, dass der JHWH-Kult von allen Einflüssen frei gehalten wird. Daher gilt für sie der Jerusalemer Tempel als einzig legitimer Ort der Anbetung, woran sie auch die einzelnen Könige messen und beurteilen. Das Nordreich hat deshalb von Anfang an keine Chance, v.a. nach der Errichtung der Heiligtümer Bet-El und Dan durch Jerobeam. Aber auch das Süd-

---

[5] Vgl. G. HENTSCHEL: *Die Königsbücher.* In: E. ZENGER u.a.: *Einleitung in das Alte Testament.* Stuttgart ⁷2008, S. 247f.

reich kann sich letztendlich nicht frei halten von fremden Kulten wie z.B. Aschera und Baal. Da entgegen seiner Forderung JHWH nicht allein verehrt wird, bricht über alle das Gericht herein: Das Nordreich bleibt in der „Sünde Jerobeams" (Konkurrenzheiligtümer Dan und Bet-El) und auch das Südreich kann trotz der großen Könige David (1004/3-965/4), Hiskija (725-697) und Joschija (639-609) das Gericht nicht abwenden. Für sie bleibt nur die Hoffnung auf die Zusage an die davidische Dynastie und die Begnadigung Jojachins.

2. Propheten: In den Königsbücher werden bedeutende Propheten wie Ahija von Schilo (1Kön 11,29-39; 14,1-18), Schemaja (1Kön 12,22-24), Jehu (1Kön 16,1-4), Elija (1Kön 17-19; 21,1-29; 2Kön 1,2-2,18), Elischa (1Kön 19,19-21; 2Kön 2,1-8,15; 13,14-21); Micha (2Kön 22,1-40), Jesaja (2Kön 19-20) und Hulda (2Kön 22,14-20) als Mahner vor dem Abfall von JHWH berufen und gesandt.[6] Sie verfügen über Wunderkräfte und ihr Wort trifft ein, vor allem die Voraussagungen des Untergangs des Königtums. In diesem Buch soll besonders die Vision Micha ben Jimla[7] (1Kön 22,19-23) betrachtet werden, die zeigt, dass der Prophet JHWHs sich nicht in den Chor der Ja-Sager mischt, sondern ungeschminkt die Wahrheit verkündet. Die Vision ähnelt

---

[6] Vgl. J. WERLITZ: *Die Bücher der Könige.* NSK AT 8. Stuttgart 2002, S. 20.

[7] Vgl. zum Gesamtzusammenhang der Vision J. WERLITZ: *Die Bücher der Könige.* NSK AT 8. Stuttgart 2002, S. 196-198; A. BEHRENS: *Prophetische Visionsschilderungen im Alten Testament. Sprachliche Eigenarten, Funktion und Geschichte einer Gattung.* AOAT 292, Münster 2002, S. 164-182.

anderen prophetischen Visionen (z.B. Jes 6,1-13; Ez 1,4-28; Ijob 1,6-11; 2,1-6) und dient dazu, „irdische Erfahrungen durch einen Einblick in himmlische Geheimnisse zu erklären."[8]

3. Theologiegeschichtliche Auswirkungen: Vor allem die religiöse Einstellung der Könige wird in den Königsbüchern kritisiert. Die Darstellungen der Geschichte Israels sind nach den Büchern der Könige sehr zentriert auf das Südreich Juda. Israel war eigentlich politisch mächtiger und wichtiger, aber nach dessen Untergang für die nachfolgende Geschichtsschreibung doch unbedeutend. Auch der im Nordreich Israel spezifische JHWH Glaube wird nicht genügend gewürdigt. In den Königsbüchern wird die Ideologie des Jerusalemer Tempels als allein legitimes JHWH-Heiligtum von Anfang an vertreten. Der Anspruch auf den Alleinverehrungsanspruch des Jerusalemer Tempels wird vor allem in der Zeit des 2. Tempels gegenüber den Juden von Elephantine und des samarischen Heiligtums auf dem Garizim wichtig.

In den Königsbüchern fällt die Vehemenz auf, mit der der Alleinverehrungsanspruch JHWHs vertreten wird. Nur die Könige sind deshalb würdig, die Jerusalem als religiöses Zentrum für das gesamte Judentum verteidigen. Daraus kann man schließen, dass die Verehrung fremder Götter in Israel wohl auch in nachexilischer Zeit keine Randerscheinung war.

---

[8] G. HENTSCHEL: *1 Könige.* NEB, Würzburg 1984, S. 133.

Zerstreut wie Schafe, die keinen Hirten haben

Ernst Kusterer

Text: 1 Kön 22,13-23

22,13 Der Bote aber, der Micha holen sollte, redete ihm zu: Die Worte der Propheten waren ohne Ausnahme günstig für den König. Mögen deine Worte ihren Worten gleichen. Sag daher Gutes an!
14 Doch Micha erwiderte: So wahr der Herr lebt: Nur was der Herr mir sagt, werde ich sagen.
15 Als er zum König kam, fragte ihn dieser: Micha, sollen wir gegen Ramot-Gilead zu Felde ziehen, oder sollen wir es lassen? Micha antwortete: Zieh hinauf, und sei erfolgreich! Der Herr gibt die Stadt in die Hand des Königs.
16 Doch der König entgegnete: Wie oft muss ich dich beschwören, mir im Namen des Herrn nur die Wahrheit zu sagen?
17 Da sagte Micha: Ich sah ganz Israel über die Berge zerstreut wie Schafe, die keinen Hirten haben. Und der Herr sagte: Sie haben keine Herren mehr. So gehe jeder in Frieden nach Hause.
18 Da wandte sich der König von Israel an Joschafat: Habe ich es dir nicht gesagt? Er weissagt mir nie Gutes, sondern immer nur Schlimmes.
19 Micha aber fuhr fort: Darum – höre das Wort des Herrn: Ich sah den Herrn auf seinem Thron sitzen; das ganze Heer des Himmels stand zu seiner Rechten und seiner Linken.
20 Und der Herr fragte: Wer will Ahab betören, so dass er nach Ramot-Gilead hinaufzieht und dort fällt? Da hatte der eine diesen, der andere jenen Vorschlag.

21 Zuletzt trat der Geist vor, stellte sich vor den Herrn und sagte: Ich werde ihn betören. Der Herr fragte ihn: Auf welche Weise?
22 Er gab zur Antwort: Ich werde mich aufmachen und zu einem Lügengeist im Mund all seiner Propheten werden. Da sagte der Herr: Du wirst ihn betören; du vermagst es. Geh und tu es!
23 So hat der Herr jetzt einen Geist der Lüge in den Mund all deiner Propheten gelegt; denn er hat über dich Unheil beschlossen.

Vergegenwärtigung

Die prächtige Szenerie, die uns da in dem Text aus dem 1. Buch der Könige geschildert wird, könnte aus dem Drehbuch eines Monumentalfilmes stammen. Eine edle „Lokation" in einem Palast, eine große Anzahl von wichtigen Beratern, Ministern, Hofbeamten und Bediensteten. Glamour und Prunk überall, alles natürlich vom Feinsten. Dazwischen der prächtig gekleidete Herrscher mit seinem Gefolge, umhergetrieben von wichtigen Aufgaben und Regierungsgeschäften; getrieben aber auch von menschlichen, allzu menschlichen Leidenschaften, Schwächen; getrieben von tausend Fragen. Was bringt die Zukunft? Geht es weiterhin gut oder werde ich Ansehen, Macht und Stellung verlieren? Welche Entscheidung soll ich treffen? Gelingt mein Leben oder gehe ich unter? Welchen Zukunftspropheten kann ich vertrauen?

Ein König, getrieben von Stimmungen und „verdächtigen" Ratschlägen, sucht nach Wahrheit und ehrlichen Hilfen. Er wünscht sich Rat, Sicherheit, ein eindeutiges Zeichen Gottes.

Da erscheint dieser Gottesmann Micha. Und: Er bringt keine eindeutige Aussage, keine Botschaft seines Gottes, er erzählt schlicht und einfach von einer Vision! Er sieht ein Volk ohne Regierung, ohne Halt und Rückhalt. Er sieht Menschen unsicher, verwirrt, ja „über die Berge zerstreut wie Schafe, die keinen Hirten haben".

Kommt Ihnen dieses Wort bekannt vor: „zerstreut wie Schafe, die keinen Hirten haben"? Eine Bildrede vom Hirten und den Schafen, die unzählige Male in der Bibel vorkommt, die wir in liturgischen Texten bei unseren Gottesdiensten hören und die uns wohl bekannt ist. Jesus nennt sich im Johannesevangelium selbst den guten Hirten (Joh 10,11).

Wer von uns würde bezweifeln, dass es gerade in unserer Zeit nicht diese zerstreute, verunsicherte und haltlose Herde gibt? Unsere Welt entdeckt die Grenzen in vielen Bereichen, in der Medizin, der Wirtschaft, der Gesellschaft, der Wissenschaft. Dürfen wir alles, was wir können? Wo gibt es Maßstäbe und Hilfen für unser Handeln, und sind wir nicht in vielen Lebensbereichen mit der rasanten Entwicklung, der Hektik, dem Alltagsstress und den vielen Lebensbelastungen total überfordert?

Wenn heute wissenschaftliche Untersuchungen und Befragungen übereinstimmend feststellen, dass ein Großteil der Menschen mit ihrem Leben und den Lebensumständen nicht mehr zurecht kommt, dann kann ich dem als Jugendseelsorger nur zustimmen. Die Not der Menschen ist unendlich groß. Ohnmacht, innere Leere, Erfolg- und Ziellosigkeit machen sich breit, die Sehnsucht nach Hilfe und Orientierung, nach Spuren eines helfenden und heilenden Gottes im eigenen Leben ist übergroß. Auch Gott wird angefragt! Wo ist der liebe Gott, warum lässt er das alles zu, hat er sich von mir zurückgezogen, warum straft er mich so hart? Fragen von Suchenden nach der Richtung ihres Lebens. Sie sind „zerstreut wie Schafe, die keinen Hirten haben". Irren wir Menschen, irren die Christen, irrt die Kirche in einer Wüste umher?

Besonders schmerzlich erleben Jugendliche und junge Erwachsene Orientierungslosigkeit und Hilflosigkeit. Seit Jahren konfrontieren mich Sonntag Nacht in der Live-Sendung eines großen privaten Jugendmusiksenders die jugendlichen Anrufer mit ihren Fragen und Nöten. Die Telefonleitungen ins Studio sind überlastet. Im riesigen Supermarkt von Sinnangeboten, von Lebenshilfeversprechen, von Glückszusagen suchen junge Menschen nach Halt, nach einem Standpunkt, nach Vertrauen, nach Heimat: „Herr Pater, was sagen sie dazu?!"

Ob Not am Ausbildungs- und Arbeitsplatz, ob Liebeskummer, gelingende Beziehung, Partnerschaft und Ehe, ob Trennung der Eltern, Leistungsstress, Verlust eines lieben Menschen, oder die Zerstörung der Umwelt und anderem Elend unserer Welt, die Suche nach Halt, nach glaubwürdigen Aussagen und Orientierungspunkten für das eigene Leben bringen die Telefondrähte zum Glühen.

Schauen wir zurück auf den biblischen Text und die Vision unseres Propheten Micha. „Der Herr sagte: Sie haben keine Herren mehr. So gehe jeder in Frieden nach Hause." Toll, können wir da nur sagen. Ist das eine billige Vertröstung, eine Missachtung der Not der Menschen, sieht Gott die Situation nicht, nicht die Verunsicherung, die Verwirrung und Orientierungslosigkeit? Was soll diese „Zumutung der Zerstreuung", wie es der Theologe Rolf Zerfass einmal formulierte?

Mir fällt da jene Zeitungsnotiz ein, die von einem niedersächsischen Ort berichtet, in dem Politessen und Kontrolleure erst mit einer Trillerpfeife laut pfeifen, bevor sie Strafzettel verteilen. Jeder Falschparker bekommt noch eine zweite Chance, sein Auto wegzufahren oder einen Parkschein zu lösen. Eine zweite Chance!

Eine zweite Chance auch für uns, die wir in unserer Welt keine „Herren" haben?

Unsere Verwirrung, unsere Ohnmacht, unsere Zerstreutheit als eine zweite Chance für den Neuanfang mit Gott! Sehen wir sie als Herausforderung an uns, Gott trotz allem zu vertrauen, ihn selbst neu zu finden und auf die Zusage Jesu hin unseren Alltag in Zuversicht und Hoffnung zu leben.

Gott schenkt uns eine neue Chance, ihn neu kennen zu lernen als den „unbeirrbar treuen Gott, gerecht und gerade", wie es im Alten Testament heißt (vgl. Dtn 32,4). Er zeigt sich als ein Gott, der die Menschen nicht aufgibt, sondern ihnen zutraut, ihn zu finden. Eine zweite Chance Jesus Christus als den zu entdecken, der von sich sagt: Ich bin der gute Hirt (Joh 14,6).

„Plädoyer für einen christlichen Optimismus" würde ich unserem Text als Überschrift geben. Jeder von uns kann unbeirrbar der Zukunft trauen und mit einer großen Portion

Hoffnung seinen Weg in eine Welt ohne Hoffnung gehen, denn Gott geht den Weg mit uns. Er ist unser Herr!

Jeder gehe in Frieden nach Hause zitiert unser Prophet Micha seinen und unseren Gott. In Frieden, das bedeutet: in Zufriedenheit, in Einklang, in Vertrauen auf den Beistand Gottes.

Auch, und das dürfen wir nicht vergessen, in Frieden und Ein-klang mit Schwestern und Brüdern im Glauben. „Ein Christ ist kein Christ", so sagt es ein großer Geistlicher der frühen Kirche. Sind wir daher stolz auf die Zusammenkünfte und Treffen in unseren Gemeinden, in unseren Diözesen und in unserer Weltkirche.

Ein Jugendlicher, der bei einem Katholikentag in Berlin Mutter Teresa von Kalkutta erlebt hatte, schwärmte auf der Heimfahrt im Zug begeistert von dieser Frau. Auf die Frage, was sie gesagt habe, meinte er: „Weiß ich nicht mehr, aber es war unheimlich stark."

„Unheimlich stark" möchte ich uns zurufen, dass wir eine zweite Chance haben in unserer Wüstenwanderung.

„Unheimlich stark", dass wir trotz der Zerstreuung eine Gemeinschaft sind und als Kirche allen, die unterwegs sind, unsere Hoffnung und Zuversicht vorleben dürfen.

„Unheimlich stark", dass Gott uns durch seinen Sohn Jesus Christus verkünden ließ: „Ich bin bei euch alle Tage bis zum Ende der Welt!" (Mt 28,20)

Autorenverzeichnis

PROF. DR. HANS-JÜRGEN FEULNER: Professor für Liturgiewissenschaft an der Universität Wien.

DR. CHRISTOPH KELLER: Pfarrer in Böblingen.

ALEXANDER KÖNIG: Pfarrer in Ditzingen, Gerlingen und Hirschlanden.

P. ERNST KUSTERER SDB: Jugendseelsorger und Pfarrer in Stuttgart.

DR. SVEN VAN MEEGEN: Dozent für Altes Testament an der Philosophisch-Theologischen Hochschule in Benediktbeuern und Vikar in der Seelsorgeeinheit „Unteres Brenztal".

PROF. DR. LUDWIG MÖDL: Prof. em. für Pastoraltheologie an der Ludwig-Maximilians-Universität in München, Spiritual am Herzoglichen Georgianum in München.

INGRID ORLOWSKI: Pastoralreferentin in der Seelsorgeeinheit „Unteres Brenztal".

P. PETER RENJU CSsR: Pfarrer und Direktor des Redemptoristenklosters und Exerzitienhauses in Cham.

DR. MARTIN SCHNIERTSHAUER: Pfarrer in Amtzell, Seelsorgeeinheit „An der Argen".

PROF. DR. EHRENFRIED SCHULZ: Prof. em. für Religionspädagogik an der Ludwig-Maximilians-Universität in München.

ELISABETH STEFFEL: Pastoralreferentin und Religionslehrerin im kirchlichen Dienst in Aalen und Ellwangen.

PROF. P. DR. OTTO WAHL SDB: Prof. em. für Altes Testament und langjähriger Rektor der Philosophisch-Theologischen Hochschule in Benediktbeuern.

Bibel konkret

hrsg. von Prof. P. Dr. Otto Wahl SDB (Benediktbeuern), Prof. Dr. Josef Wehrle (Universität München), Dr. Sven van Meegen (Stuttgart)

Christoph Keller; Sven van Meegen; Otto Wahl
Lebensdeutung aus der Genesis
Das Buch Genesis stellt einen Welt- und Lebensentwurf sowie die Ursprünge des Seins überhaupt dar. Ein Buch voller Leben und voller Deutung des Lebens: Die Entstehung an dessen, was ist, Werden und Vergehen, Freuden und Leiden, die Wege, die der Mensch einschlägt, die Einsichten, die er dabei gewinnt. Erfahrungen der Geschichte Gottes mit uns Menschen. Dieses Buch lässt anhand ausgewählter Texte am Erzählten teilhaben und stellt das eigene Leben in den Horizont dieser erlebten Geschichte Gottes mit den Menschen. Die ausgewählten Texte werden so in einer anschaulichen Sprache von der Vergangenheit jeweils in die Gegenwart, ins konkrete Leben übersetzt.
Bd. 2, 2006, 112 S., 9,90 €, br., ISBN 3-8258-0015-6

Markus Graulich; Sven van Meegen (Hg.)
Gottes Wort in Leben und Sendung der Kirche
Festschrift zu Ehren von Prof. P. Dr. Otto Wahl
Das Volk Gottes wird vor allem durch das Wort des lebendigen Gottes geeint. Das gläubig vernommene Wort ist für uns Quelle geistlichen Lebens, Nahrung für das Gebet, Licht zur Erkenntnis des Willens Gottes im Alltagsgeschehen und Kraft für ein Leben in Treue zu unserer Berufung. Viele Menschen greifen täglich zur Heiligen Schrift. Das Buch soll ein neuer Anstoß sein, sich auf das Wort Gottes einzulassen und ihm Raum zu schaffen im eigenen Leben sowie im Leben und in der Sendung der Kirche, wie der Sämann hinauszugehen und das Wort auszustreuen, und das Wachstum getrost der gütigen Vorsehung Gottes zu überlassen.
Bd. 3, 2007, 148 S., 12,90 €, br., ISBN 978-3-8258-0488-6

LIT Verlag Berlin – Hamburg – London – Münster – Wien – Zürich
Fresnostr. 2 48159 Münster
Tel.: 0251 / 620 32 22 – Fax: 0251 / 922 60 99
e-Mail: vertrieb@lit-verlag.de – http://www.lit-verlag.de

Christoph Keller

Gott – der Pädagoge

Bibel konkret Bd. 4
LIT

Christoph Keller
Gott – der Pädagoge
„Gott – der Pädagoge" ist ein Lesebuch für jedermann. An Hand ausgewählter Evangelien wird in lockerer Form die Erziehungspraxis Gottes geschildert. Der Stil Gottes ist im Wort und Werk Jesu Christi deutlich geworden und empfiehlt sich unseren eigenen Vorgehensweisen.
Bd. 4, 2008, 128 S., 14,90 €, br., ISBN 978-3-8258-1164-8

LIT Verlag Berlin – Hamburg – London – Münster – Wien – Zürich
Fresnostr. 2 48159 Münster
Tel.: 0251 / 620 32 22 – Fax: 0251 / 922 60 99
e-Mail: vertrieb@lit-verlag.de – http://www.lit-verlag.de